国有企业跨境并购现状调查研究

——以湖北省为例

胡 伟 著

中国财经出版传媒集团
中国财政经济出版社

图书在版编目（CIP）数据

国有企业跨境并购现状调查研究：以湖北省为例／胡伟著．－－北京：中国财政经济出版社，2021.12
ISBN 978－7－5223－0987－3

Ⅰ.①国… Ⅱ.①胡… Ⅲ.①国有企业－跨国兼并－调查研究－湖北 Ⅳ.①F279.276.3

中国版本图书馆 CIP 数据核字（2021）第 254739 号

责任编辑：彭　波　　　　　　责任印制：史大鹏
封面设计：卜建辰　　　　　　责任校对：胡永立

中国财政经济出版社 出版

URL：http://www.cfeph.cn
E－mail：cfeph@cfeph.cn

（版权所有　翻印必究）

社址：北京市海淀区阜成路甲 28 号　邮政编码：100142
营销中心电话：010－88191522
天猫网店：中国财政经济出版社旗舰店
网址：https://zgczjjcbs.tmall.com
北京财经印刷厂印刷　各地新华书店经销
成品尺寸：170mm×240mm　16 开　12.5 印张　200 000 字
2021 年 12 月第 1 版　2021 年 12 月北京第 1 次印刷
定价：68.00 元
ISBN 978－7－5223－0987－3
（图书出现印装问题，本社负责调换，电话：010－88190548）
本社质量投诉电话：010－88190744
打击盗版举报热线：010－88191661　QQ：2242791300

前　言

湖北省社会科学界联合会为深入贯彻落实党的重要会议精神，引导广大社会科学工作者从实际出发，深入群众、深入基层、深入一线开展省情、社情和民情调查，为湖北"建成支点、走在前列"做贡献，于2014年创建了"中国调查"项目学术平台。自该平台成立以来，产出了一批反映湖北省情、社情和民情的重要调查研究成果，对推动湖北社会科学的深入调查研究起到了重要作用。本书也是该平台的重要研究成果之一，是本人在2020年主持完成了的湖北省社会科学界联合会2018年批准立项的"中国调查"项目："湖北国有企业跨国并购调查"（项目编号：ZGDC201812）研究报告的基础上修改而成。

全书主要包括：跨境并购影响国有企业绩效的理论分析、湖北国有企业跨境并购法规评析、湖北国有企业及跨境并购现状分析、湖北上市国有企业跨境并购案例剖析、湖北非上市国有企业跨境并购案例剖析以及改善湖北国有企业跨境并购状况的政策建议等六个部分。另外，无论是在研究内容方面还是在研究方法方面，该研究均具有一定创新性，其主要体现在三个方面：第一，全面梳理了我国和湖北出台的有关国有企业跨境并购的法规文件，它不仅为以后开展有关国有企业跨境并购法规的相关研究提供了重要基础，而且也为补充和完善国有企业跨境并购相关法规文件提供了重要依据；第二，系统分析了湖北国有企业跨境并购的现状和效果，为加强对湖北国有企业跨境并购的监管与指导提供了客观证据；第三，综合运用事件研究法、财务指标分析法、非财务指标分析法和比较分析法等研究方法，深入研究了跨境并购对湖北国有企业绩效的影响，为加强对湖北国有企业跨境并购效果的评估和监督提供了数据支持。

本研究还存在一些局限性，其主要表现在四个方面：其一，对湖北非上市国有企业跨境并购的长期绩效评价不够全面。原因主要是跨境并购完成时间较短或者是无法准确获取跨境并购企业的财务等相关资料；其二，对湖北上市国有企业跨境并购短期绩效（市场效应）窗口期的选择带有一定主观性。该局限性是研究方法本身所固有的，它的克服还有待研究方法的改进；其三，对跨境并购企业长期绩效评价指标的选择存在一定主观性。评价跨境并购企业盈利能力、营运能力、偿债能力以及发展能力的指标有很多，究竟选择什么指标能更好地反映跨境并购企业的长期绩效变化，这些指标的选择存在研究者的个人主观因素；其四，湖北跨境并购国有企业的样本数量有限。不过，样本数量有限和跨境并购完成时间较短等局限性，将会随着湖北国有企业跨境并购数量的日益增多和时间的推移而得到解决。另外，随着研究样本数量的增加，对国有企业跨境并购效果影响因素的认识将会更加深化，对国有企业跨境并购效果的评价将会更加客观，对国有企业跨境并购的政策建议也将会更具针对性和广泛性。通过借鉴跨境并购对湖北国有企业绩效的影响研究，未来可以把研究对象的范围进一步扩展到湖北民营企业，从而可以使我们对湖北企业跨境并购状况有更加全面的了解。

近20年来，本人一直坚持做企业并购领域的相关研究，本书是我对企业并购领域相关问题研究的进一步拓展。2004年我开始研究"中国上市公司管理层收购问题"（硕士学位论文），2006年主持完成"上市公司管理层收购的市场效应及绩效研究"（河南省社会科学联合会调研课题，编号：SKL—2005—1572），2009年继续研究"外资并购的上市公司市场效应和绩效"（博士学位论文），2020年完成了"湖北国有企业跨国并购调查"研究。

在开展"湖北国有企业跨国并购调查"研究过程中，湖北经济学院的张奋勤教授、卢占凤教授、杨明海副教授、卢传锋副教授、发展规划处副处长索凯峰博士以及2018级会计硕士研究生李华炜和李雅萍参加了调研活动，2016级会计硕士研究生李婧和2017级会计硕士研究生龙珍妮参与了研究资料的整理工作，湖北省国有资产监督管理委员会副主任何庆丰、政策法规处处长平本栋、办公室工作人员李小龙，湖北省联合发展投资集团总会计师王嘉良、湖北福汉木业（集团）发展有限责任公司总经理陈瞻、湖北清能投资发展集团有限公司副总经理李成俊、宜昌港务集团有限责任公司董事长王红和湖北三峡旅游集团股份有限公司董事会秘书胡军红等在调研过程中都给予了大力支持。在此一并向他们的辛勤付出表示由衷感谢！

由于本人研究水平有限，加上对非上市跨境并购国有企业的资料收集受限，因此本书关于湖北国有企业跨境并购情况的研究结论难免会存在不足之处，本人愿对本书一切文责自负，也真诚欢迎广大同行专家和读者批评指正。

胡 伟

2021年10月于武汉江夏藏龙岛

摘　要

　　无论是改革开放前还是改革开放后，国有企业一直都是促进我国国民经济发展的中流砥柱。为推进国家"一带一路"倡议的实施，国务院相关部委相继出台了《中央企业境外投资监督管理暂行办法》《境外投资项目核准和备案管理办法》《境外投资管理办法》《国有企业境外投资财务管理办法》等系列管理办法，湖北省政府相关部门也先后发布了《关于印发中国制造2025 湖北行动纲要的通知》《关于运用大数据加强对市场主体服务和监管的实施意见》《关于加快服务业发展的若干意见》《关于印发湖北省集成电路产业发展行动方案的通知》等四个法规文件。这些法规文件的发布和出台加快了我国国有企业跨境并购的步伐。

　　跨境并购是一把双刃剑，既要看到它在拓展海外市场、提升技术创新能力和扩大品牌国际影响力等方面给并购企业带来的积极作用，也要充分认识到其可能也会给并购企业带来文化冲突、整合困难和预期目的不达等方面的消极影响。湖北国有企业跨境并购现状如何？跨境并购后预期目的是否达到？效果如何？清晰准确回答这些问题是本研究的核心，它不仅能够为评价湖北跨境并购国有企业并购绩效提供重要依据，而且还能对进一步提升湖北跨境并购国有企业的效率有重要现实意义。

本研究结合管理学和经济学的相关理论，综合运用财务指标分析法和非财务指标分析法相结合、事件研究法和比较研究法相结合以及案例研究法和规范研究法相结合的研究方法，对湖北省国有企业跨境并购的短期绩效（市场效应）和长期绩效变化进行研究，并在此基础上，提出改善湖北国有企业跨境并购现状的政策建议。本研究除导论和结语两部分外，基本内容如下：

第一，对跨境并购影响国有企业绩效的理论分析。该部分主要运用理性预期理论、信号传递理论和有效市场理论，来解释跨境并购行为对国有企业短期绩效变化的影响。并运用战略调整理论、协同效应理论和产业升级理论等进一步解释跨境并购行为对国有企业长期绩效变化的影响。这些相关理论为后文的案例研究提供了理论铺垫。

第二，对湖北国有企业跨境并购法规的评析。该部分分别从国家和湖北省两个层面，对近年来出台的系列关于国有企业跨境并购的相关法规文件进行分析。并在评析这些法规文件的基础上，提出了需要进一步补充和完善湖北省关于跨境并购相关法规文件的建议。

第三，对湖北国有企业及跨境并购现状的分析。该部分首先分析了湖北上市国有企业的现状，然后分析了湖北非上市国有企业的现状，接着详细分析了湖北上市国有企业跨境并购的现状，最后详细分析了湖北非上市国有企业跨境并购的现状。

第四，对湖北上市国有企业跨境并购案例的剖析。该部分分别分析了沙隆达A并购以色列ADAMA公司、光迅科技并购丹麦IPX公司和襄阳轴承并购波兰KFLT公司等三起湖北上市国有企业跨境并购案。一方面，分析了跨境并购事件对主并上市国有企业的短期绩效（市场效应）影响。另一方面，分析了跨境并购对主并上市国有企业长期绩效的影响。

第五，对湖北非上市国有企业跨境并购案例的剖析。该部分主要剖析了宜昌交通旅游产业发展集团有限公司并购香港保华控股公司宜港集团、湖北福汉木业（集团）发展有限责任公司并购中俄托木斯克木材工贸区项目以及湖北清能投资发展集团有限公司并购清江香港和香港怡港等三家湖北非上市国有企业跨境并购的并购双方概况、并购过程、并购背景与动因以及并购后的整合措施、计划安排和效果评价。

第六，对改善湖北国有企业跨境并购状况的政策建议。该部分在对湖北国有企业跨境并购法规评析、湖北国有企业及跨境并购现状分析以及湖北上市和非上市国有企业跨境并购案例剖析的基础上，提出了补充完善国有企业跨境并购法规文件、加强对国有企业跨境并购的监管与指导和加强对国有企业跨境并购效果的评估和监督等政策建议。

本研究主要结论如下：

第一，跨境并购相关法规的实施对湖北国有企业"走出去"具有一定推动作用，但作用还非常有限。对于肩负"一带一路"、长江经济带和中部崛起等国家发展战略实施的湖北国有企业而言，其"走出去"的力度还远远不够。

第二，湖北上市国有企业跨境并购总体情况有三点：（1）跨境并购国有企业所属区域主要分布在武汉市、荆州市和襄阳市三地；（2）跨境并购国有企业实际控制人主要为中央国有企业，占比为66.67%，湖北省国有企业占比为33.33%；（3）跨境并购的并购类型均为横向并购，未发生纵向并购和混合并购。

第三，湖北非上市国有企业跨境并购总体情况有三点：（1）跨境并购企业所属区域较为集中，主要分布在武汉市和宜昌市两地；（2）跨境并购企业涉及行业较少，主要集中在金融业和农、林、牧、渔业两个行业，其他行业无跨境并购发生；（3）跨境并购的并购类型较为单一，主要为横向并购和纵向并购，无混合并购发生。

第四，湖北上市国有企业跨境并购的效果，从短期看，所有跨境并购企业在跨境并购窗口期〔-10, 15〕内的CAR均为正值且均通过了1%水平上的显著性检验。从长期看，跨境并购在一定程度上改善了并购企业的盈利能力，但技术创新协同效应还发挥不够，国际化战略目标还未完全实现。

第五，湖北非上市国有企业的跨境并购案例较少，由于实施跨境并购的时间较短或获取的资料有限，并购后取得的效果很难给予准确评价。

本研究主要创新点有三个方面：

其一，研究内容新颖。全面梳理和分析了我国和湖北省出台的有关国有企业跨境并购的相关法规文件，为补充和完善湖北国有企业跨境并购法规文件提供了依据。

其二，研究视角独特。补充了湖北国有企业跨境并购现状和效果方面的研究，为加强对湖北国有企业跨境并购的监管与指导提供了现实证据。

其三，研究方法全面。综合运用事件研究法、财务指标分析法、非财务指标分析法和比较分析法等研究方法，系统研究了跨境并购对湖北国有企业绩效的影响。为提出加强对湖北国有企业跨境并购效果评估和监督的建议提供数据支持。

目 录

导论 ··· 1
  一、调查背景与意义 ··· 1
  二、基本概念约定 ··· 2
  三、文献综述 ··· 5
  四、研究思路与方法 ·· 12
  五、研究内容与创新 ·· 16

第一章 跨境并购影响国有企业绩效的理论分析 ············ 19
  一、跨境并购影响企业短期绩效的理论分析 ············· 19
  二、跨境并购影响企业长期绩效的理论分析 ············· 22

第二章 湖北国有企业跨境并购法规评析 ······················ 31
  一、国有企业跨境并购相关法规评析 ······················ 31
  二、湖北国有企业跨境并购法规解析 ······················ 36

第三章 湖北国有企业及跨境并购现状分析 ··················· 40
  一、湖北国有企业现状 ··· 40
  二、湖北国有企业的跨境并购现状 ·························· 46
  三、研究结论 ·· 51

第四章　湖北上市国有企业跨境并购案例分析之一：
　　　　沙隆达 A 并购以色列 ADAMA 公司……………… 55
　　一、并购双方概况 ………………………………………… 55
　　二、并购动因分析 ………………………………………… 57
　　三、并购过程回顾 ………………………………………… 58
　　四、并购效果评价 ………………………………………… 60
　　五、主要研究结论 ………………………………………… 84

第五章　湖北上市国有企业跨境并购案例分析之二：
　　　　光迅科技并购丹麦 IPX 公司 ………………………… 86
　　一、并购双方概况 ………………………………………… 86
　　二、并购动因分析 ………………………………………… 87
　　三、并购过程回顾 ………………………………………… 89
　　四、并购效果评价 ………………………………………… 90
　　五、主要研究结论 ………………………………………… 116

第六章　湖北上市国有企业跨境并购案例分析之三：
　　　　襄阳轴承并购波兰 KFLT 公司 ……………………… 118
　　一、并购双方概况 ………………………………………… 118
　　二、并购动因分析 ………………………………………… 121
　　三、并购过程回顾 ………………………………………… 122
　　四、并购效果评价 ………………………………………… 123
　　五、主要研究结论 ………………………………………… 148

第七章　湖北非上市国有企业跨境并购案例分析 ……………… 151
　　一、宜昌交旅并购香港保华控股公司宜港集团的分析 …… 151
　　二、福汉木业并购中俄托木斯克木材工贸区项目的分析 … 160
　　三、清能集团并购清江香港和香港怡港的分析 …………… 164
　　四、主要研究结论 ………………………………………… 166

第八章　改善湖北国有企业跨境并购状况的政策建议 …………… 168
　一、补充完善国有企业跨境并购的法规文件 …………………… 168
　二、加强对国有企业跨境并购的监管与指导 …………………… 169
　三、加强对国有企业跨境并购效果的评估和监督 ……………… 171

结语 …………………………………………………………………… 172
　一、主要研究结论 ………………………………………………… 172
　二、研究局限与展望 ……………………………………………… 173

主要参考文献 ………………………………………………………… 175
附录 …………………………………………………………………… 181

导 论

一、调查背景与意义

（一）调查背景

在全球经济发展步入低谷和我国产能过剩的大背景下，2015年国家适时提出"一带一路"倡议，我国企业尤其是国有企业"走出去"面临着前所未有的历史性机遇。而肩负"中部崛起"历史重任、拥有众多国有企业的湖北在"一带一路"倡议实施中发挥了怎样的作用？跨境并购是企业"走出去"的一种重要方式，湖北对国有企业跨境并购出台了怎样的政策支持？国有企业跨境并购现状如何？跨境并购对湖北国有企业绩效提升究竟效果如何？要回答这些问题，必须要对湖北国企跨境并购的现状及效果进行全面调查研究。

（二）调查意义

通过此项目调查研究，不仅可以为湖北省国有资产监督管理委员会全面了解湖北国有企业跨境并购现状和效果提供翔实资料，而且可以为其对湖北国有企业跨境并购加强监管、指导、评估和监督提供证据。另外，还可以为湖北省和各级地方政府补充完善国有企业跨境并购相关法规文件提供决策依据。因此，对湖北国有企业跨境并购情况进行全面调查和深入研究具有重要现实意义。

二、基本概念约定

由相关研究文献可知,不同研究者对国有企业、跨境并购、短期绩效及长期绩效等概念的界定存在差异,而这些差异又直接影响研究结果。因此,为避免歧义,本书特对本研究过程中涉及的国有企业、跨境并购、短期绩效及长期绩效等四个重要概念界定如下。

(一)国有企业

我国相关法律对"国有企业"并无清晰界定,虽然国家相关部门出台的部分规范性文件对"国有企业"的概念和判断标准进行了规定,但表述口径不一,相关规定与实践操作标准也不统一。

2009年5月颁布实施的《中华人民共和国企业国有资产法》第一章第五条中称,"国家出资企业是指国家出资的国有独资企业、国有独资公司,以及国有资本控股公司和国有资本参股公司。"

2016年6月,国务院国有资产监督管理委员会颁布实施的《企业国有资产交易监督管理办法》〔第32号令〕中,所界定的"国有企业"包含国有独资企业、国有全资企业、国有控股企业及国有实际控制企业。第四条规定"国有及国有控股企业、国有实际控制企业包括:(1)政府部门、机构和事业单位出资设立的国有独资企业(公司),以及上述单位、企业直接或间接合计持股为100%的国有全资企业;(2)本条第(1)款所列单位、企业单独或共同出资,合计拥有产(股)权比例超过50%,且其中之一为最大股东的企业;(3)本条第(1)、(2)款所列企业对外出资,拥有股权比例超过50%的各级子企业;(4)政府部门、机构、事业单位、单一国有及国有控股企业直接或间接持股比例未超过50%,但为第一大股东,并且通过股东协议、公司章程、董事会决议或者其他协议安排能够对其实际支配的企业。"

2017年6月,财政部发布实施的《国有企业境外投资财务管理办法》中第二条对国有企业进行了明确界定。"国有企业是指国务院和地方人民政府分别代表国家履行出资人职责的国有独资企业、国有独资公司以及国有资本控股公司，包括中央和地方国有资产监督管理机构和其他部门所监管的企业本级及其逐级投资形成的企业。"

综上可见，不同法规文件对国有企业的界定口径不一。本研究所指的国有企业是按照《国有企业境外投资财务管理办法》中的界定，即国有企业是指国务院和地方人民政府分别代表国家履行出资人职责的国有独资企业、国有独资公司以及国有资本控股公司，包括中央人民政府直管企业（国务院国有资产监督管理委员会直管在湖北境内的企业）和地方人民政府直管企业（湖北省国有资产监督管理委员会直管的企业）。

（二）跨境并购

与跨境并购相近的概念主要有：境外投资和海外并购等。2012年5月，国务院国有资产监督管理委员会发布实施的《中央企业境外投资监督管理暂行办法》〔第28号令〕第二条明确界定，"中央企业境外投资是指中央企业及其各级独资、控股子企业在我国境外以及香港特别行政区、澳门特别行政区和台湾地区的固定资产投资、股权投资等投资行为。" 2014年10月，商务部发布实施的《境外投资管理办法》第二条对境外投资进行了明确界定，"境外投资是指在中华人民共和国境内依法设立的企业（以下简称企业）通过新设、并购及其他方式在境外拥有非金融企业或取得既有非金融企业所有权、控制权、经营管理权及其他权益的行为。" 2017年6月，财政部发布的《国有企业境外投资财务管理办法》第三条对境外投资进行了明确界定，"境外投资是指国有企业在香港、澳门特别行政区和台湾地区，以及中华人民共和国以外通过新设、并购、合营、参股及其他方式，取得企业法人和非法人项目（境外投资企业（项目））所有权、控制权、经营管理权及其他权益的行为。"

另外，不同国际组织对跨境并购的界定也不相同。世界银行将跨境并购定义为，以获取别国企业控制权为特征的产权交易行为。联合国贸发会议在《2000年世界投资报告》中，也对跨国兼并和跨国收购（合称跨境并购）进行了界定和划分。它认为跨国兼并是一国企业与另一国企业通过资产和经营的结合形成新的法人实体的行为，而跨国收购则是指一国企业收购另一国企业的部分或全部资产或股权，并获得目标企业资产和经营的实际控制权的行为。理论界对跨国兼并含义理解较为一致，但在对跨国收购的界定仍存有分歧，争论焦点是收购多大份额才能实施一定控制权。在《2000年世界投资报告》中，将10%作为定义跨国收购标准，指出一国企业收购东道国企业的股权或股份超过10%，就可以视为跨国收购。而获得10%及其以下的股份，则视为证券投资。

综上可见，除国际组织对跨境并购有界定外，我国对国有企业"跨境并购"概念进行界定的法规文件并不常见，大部分是以"境外投资"形式进行界定的。本书研究界定的国有企业跨境并购，是指我国境内国有企业收购在香港、澳门特别行政区和台湾地区，以及中华人民共和国以外的法人企业和非法人项目，取得对其所有权、控制权及经营管理权的行为。

（三）短期绩效

许多文献研究都把短期绩效视为市场效应（见文献综述部分），市场效应又称财富效应（Wealth Effect）。它是指在有效证券市场下，某一事件的发生所引起的相关上市公司股票价格的异常波动，从而导致上市公司股东财富变化的效应。

在本研究中，短期绩效、市场效应和财富效应三者是等效的。上市国有企业发生跨境并购事件后，如果证券市场是有效的，那么广大投资者对其跨境并购后的整合预期和看法态度就会通过并购公司的股价波动反映出来。如果投资者对其跨境并购后的整合预期和看法持乐观态度，就会积极购买和惜售该公司股票，那么该公司的股价就会上涨，即短期绩效提升、产生正市场效应、股东财富增加。反之，如果投资者对其跨境并购后的整合预期和看法持悲观态度，就会不购买和抛售该公司股票，那么该公司的股价就会下跌，即短期绩效下降、产生负市场效应、股东财富减少。如果投资者的预期保持中立，股东财富变化可能不大，即出现零效应。本研究对跨境并购上市公司短期绩效（市场效应）的衡量用累积平均超常收益率（Cumulative Average Residuals，CAR）表示，短期绩效的计算和分析将在本书第四章、第五章和第六章中进行。

（四）长期绩效

长期绩效是指公司的年度财务绩效或称经营绩效。如果采用单一财务指标对其衡量，通常使用较多的是每股收益或净资产收益率等财务指标。它是公司年度经营成果的体现。如果公司经营有方，其财务绩效就会上升。反之，公司财务绩效就会下降。

本研究运用财务指标和非财务指标对跨境并购公司，并购完成当年、并购完成前三个年度以及并购完成后相关年度（1家公司只有1年数据，1家公司有5年数据，还有1家公司有6年数据）的相关绩效指标进行比较分析。这些绩效都是长期绩效。本研究对跨境并购上市公司长期绩效的衡量用盈利能力、营运能力、偿债能力和发展能力以及市场份额、创新能力和整合能力等非财务指标表示，长期绩效的计算和分析将在本书第四章、第五章和第六章中体现。

三、文献综述

随着"一带一路"发展倡议的实施和推进，国有企业通过跨境并购"走出去"的案例越来越多，相关研究成果也越来越丰富。下面分别从国有企业跨境并购概念界定、动因分析以及效果评价等三个方面进行归纳梳理。

（一）国有企业跨境并购概念的界定

关于跨境并购的表述，研究者之间存在差异。曹洪军（2005）指出，跨境并购是指一国企业为了某种目的，通过一定渠道或支付手段，购买境外企业的一部分甚至全部份额的股份或资产，从而对其经营管理实施实际的或完全的控制。跨境并购主要分两大类：跨境兼并（Cross-border Mergers）和跨境收购（Cross-border Acquisitions）。跨境兼并是指一个国家或地区的企业被并入另一个国家或地区的企业实体中，被并企业的法人主体地位消失的行为。跨境收购是指一个国家或地区的企业收购另一个国家或地区的企业股份，从而影响和控制其经营决策，但被收购企业的法人主体地位续存的行为。张寒（2005）则认为，跨境并购是指跨国公司为了维持其生存和发展需要，根据全球经济环境和内部组织结构的变化而进行的、涉及两个或两个以上国家或地区的企业并购。关于国有企业跨境并购的界定在文献中很少见，主要散见之于相关法规文件中，前述基本概念约定中涉及该概念。

（二）国有企业跨境并购动因的研究

随着我国经济新常态的到来，国有企业亟须通过跨境并购来解决产能过剩、产业结构优化等问题。通过相关文献的梳理发现，不少研究者对我国国有企业跨境并购的相关动因做了大量研究，极大地丰富了相关领域的研究成果。下面主要从宏观和微观两个层面分别对进行梳理。

1. 国有企业跨境并购的宏观动因

国有企业跨境并购宏观动因的研究成果主要集中在政治制度环境、监管体制环境、外汇储备状况以及产业结构转型升级四个方面。

关于政治制度环境方面的研究。杨群（2012）以我国国有企业海外并购为研究对象，研究发现海外并购过程受经济制度与政治制度的双约束，经济制度为并购过程中的主要行为机制，政治制度利用合理的传导机制，直接或间接地对并购行为进行引导与约束。郑雨乔（2012）结合国内特殊的制度背景，认为国家鼓励国有上市公司实施跨境并购的主要动因从政治层面来说，主要包括三点：（1）解决经济增长；（2）促进中外文化交流；（3）增进世界对中国模式和中国特色社会主义道路的理解和支持。

关于监管体制演变方面的研究。赵薇（2013）研究表明，我国国有企业进行跨境并购时除了需要获得发改委、商务部和外汇管理局的核准、备案或登记，还必须通过国有资产管理部门的核准或备案。这些部门对跨境并购过程中的不同投资项目、投资金额分别规定了相应的受理级别，由于核准过程较为烦琐，因此监管体制的演变趋势为审批权限逐渐下放。

关于外汇储备规模状况方面的研究。姜华欣（2013）以国有企业对外直接投资行为为研究对象，总结出我国国有企业对外直接投资的动因主要包括经济全球化纵深发展、我国经济发展的内生动力、我国外汇储备充足、人民币汇率稳步上升、保障我国经济发展对能源资源的需求、产业结构优化升级需求和逐步形成一批具有国际竞争力的国有跨国公司。王晓宇（2014）研究概括出我国国有企业的海外并购外部动因主要包括人均GDP的提升、出口额的不断增长以及外汇储备率的大幅度增加。

关于推动产业结构转型升级方面的研究。何小钢（2015）从政府政策驱动、要素需求驱动、国内产能过剩驱动、国际性外部因素驱动四个维度剖析我国企业海外并购特征的驱动因素。并且其研究认为我国企业所处的国内环境和"走出去"进行海外并购时所处的国际环境对企业相互产生影响，从而导致了我国企业跨境并购在行业及并购规模等方面的独特性。周潇涵（2016）研究表明国有企业跨境并购的驱动因素主要有三个方面：（1）国有企业混改制度为国有企业并购重组带来了新的机遇；（2）现代企业大多采用海外并购的方式达到企业战略发展目标；（3）"一带一路"倡议极大地推动了国有企业加速进行跨境并购。

2. 国有企业跨境并购的微观动因

大量关于我国国有企业跨境并购微观动因的研究成果表明，促使其进行跨境并购的原因通常是基于以下四个方面：资源获取、战略资产寻求、开拓市场和寻求效率。

张桂玲（2009）认为，我国国有企业跨境并购的主要动因是通过跨境并购获取战略资产和实现企业转型。姚彩虹（2010）研究表明，我国企业进行海外收购往往是多个动机共同作用的结果，我国企业海外并购的动因主要包括：寻求海外市场、寻求海外有形战略资源、寻求海外先进技术、寻求高效企业经营效率以及突破本国政府政策和法律的限制等五个方面。刘东（2012）认为，国有企业进行跨境并购的动因主要有三点：（1）转移过剩产能和促进结构调整；（2）缓解能源压力和保障能源供给；（3）获取先进技术和促进技术创新。国有企业进行跨境并购的驱动力之一在于通过并购海外资源类企业能够保证资源的长期稳定供给。

李志斌（2013）认为，国有企业跨境并购的具体动因为两方面：一方面是我国企业跨境并购的主流动机主要在于迅速进入国际市场,在国际市场竞争中获得优势地位。另一方面是获得国家经济发展和企业成长所需的战略性资源。为了不仅局限于代工的方式参与全球价值链,我国国有企业希望通过跨境并购获取核心技术和品牌。

黄婉桥(2016)认为,我国政府鼓励国有企业实施跨境并购的目的,在于让更多的企业从海外获取能源资源。徐艳梅等(2016)基于社会网络视角分析认为,国有企业跨境并购中文化整合的最终目的是实现价值观整合。张敏(2016)研究发现,我国实施跨境并购的主体是国有企业,且主要以资源获取为目的。宋林和彬彬(2016)认为,企业所有制性质影响并购动机,国有企业相对于民营企业更可能源于资源与技术获取的动因,而民营企业则更趋于市场动因。

王晔(2018)以2001~2015年完成的我国企业跨境并购案例作为样本,基于资源基础论和制度基础论进行国有企业跨境并购的动因分析。研究结果表明,国有企业获取自然资源的特征更为显著,而民营企业则更多地注重于获取战略资源。曹礼创等(2018)通过对大样本数据分析发现,我国国有企业跨境并购的被并公司主要分布在技术开放度较低的发达国家,而且并购多发生在技术精尖度较高的制造业以及金融业等行业。大部分跨境并购以被并企业先进技术向主并企业转移为目的,且横向并购的技术耦合度更高。

旷昕(2020)通过研究我国在近10年内对发达国家的直接投资历程,发现截至2018年底占我国对外直接投资存量的12%。我国对发达国家的直接投资具有明显的市场导向和战略资产获取导向,兼具资源获取型的特征,意在通过投资实现价值链攀升。我国对发达国家直接投资以并购为主,且高度集中于欧盟、美国和澳大利亚。通过主要选取以上三个代表性国家(地区)研究我国对发达国家的直接投资,包括投资动机和行业特征等,并指出投资面临的风险因素,为进一步增强我国对发达国家直接投资提供参考。

(三)国有企业跨境并购效果的研究

1. 国有企业跨境并购短期绩效的研究

关于国有企业跨境并购短期效果的研究,国内外大部分研究认为,跨境并购对企业的短期绩效会产生正向影响。Min Du 和 Agyenim B（2015）对 468 家实施跨境并购的样本企业进行研究并发现，跨境并购对并购企业的短期绩效产生了正向影响，但影响比较微弱；Mi Chao 和 JiaQin Zhen（2017）运用事件研究模型对我国国有企业和民营企业的跨境并购绩效差异进行了研究。研究结果表明，跨境并购对我国民营企业具有正面影响，对国有企业则具有负面影响；党梦雅（2018）等运用事件研究法，从"一带一路"倡议、支付方式和所有权性质视角对 2005~2016 年我国企业东盟并购绩效进行研究发现，"一带一路"倡议对跨境并购有积极影响，我国并购企业市场绩效均为正，其中民营企业绩效表现优于国有企业；王彩萍等（2018）对我国旅游企业 2000~2014 年的跨境并购绩效进行分析发现，我国旅游企业跨境并购对其市场绩效具有显著正向作用；钱泓宇（2017）和茹玉聪、曾辉（2017）的研究也同样发现，跨境并购对民营企业短期绩效的提升作用强于国有企业；王涓郦（2017）以企业跨境并购"走出去"为研究背景，选取光明乳业并购新莱特乳业这一案例，采用事件研究法对其并购绩效进行分析，得出了此次并购在短期和长期均对光明乳业的绩效产生了正面影响的结论。

也有部分研究发现，跨境并购并没有提升企业的短期绩效。缪锦春（2016）运用事件研究法对我国 2006~2012 年发生的 61 起跨境并购进行研究发现，跨境并购使短期绩效表现得到改善的企业数量没有过半，跨境并购不一定会对短期绩效起到提升作用。张君（2016）和诸竹君等（2018）也同样发现，跨境并购对企业生产率及短期绩效的促进作用并不理想。

还有研究表明，跨境并购双方的异质性会给并购企业短期绩效带来不同影响：李欠强和刘际陆（2018）、谢洪明等（2018）、唐建荣等（2018）等认为，跨境并购带来的市场绩效会受到东道国发达水平、管理制度以及文化差异等相关因素的影响。李斌和李玉芳（2020）通过选取我国企业 2013~2016 年在"一带一路"沿线国家的 47 起跨境并购事件为研究样本，探讨了跨境并购绩效的分布差异与影响因素。研究表明，跨境并购企业的长期绩效优于短期绩效，短期绩效与被并购企业所在国家的发展程度以及并购规模负相关，长期绩效与并购规模呈倒 U 型关系。研究结论对我国企业在"一带一路"背景下如何进行跨境并购，具有理论与实践上的参考价值。

Qiuyang Gu 等（2020）以我国地方国有上市企业为研究对象，通过测量政府干预的方法来研究其对地方国有企业跨境并购的影响，实验结果表明，政府干预和区域市场化对国际化补贴具有负面影响；而国际化补贴、政府干预和区域市场化对国有企业跨境并购具有正面影响。

2. 国有企业跨境并购长期绩效的研究

从理论上讲，跨境并购能带来国有企业资源优化配置、产生各种协同效应、获取市场优势、降低交易成本和完善公司治理等多种优点。因此，并购完成后，主并企业的经营绩效应有所改善。

部分研究发现，跨境并购后，国有企业的绩效提升效果要好于民营企业。余珮和李珉迪（2019）以 2010～2017 年我国上市公司成功完成跨境并购的事件为对象，分别采用 PSM 和 OLS 对假设进行检验。实证结果表明，国有企业并购绩效整体优于民营企业。

大部分研究认为，与国有企业相比，民营企业跨境并购前后绩效提升更明显。杨德彬（2016）运用马氏距离匹配方法对 2005～2008 年我国工业企业发生并购前后的生产率进行比照分析发现，跨境并购对工业企业生产率的提升有促进作用，促进作用随时间推移而逐渐增强；企业自身的吸收能力与生产率效应正相关；非国有企业跨境并购后的生产率显著提升，而国有企业发生跨境并购前后生产率没有变化。程聪等（2016）采用逻辑回归检验方法对产业国际分工与企业跨境并购成败之间的关系进行了实证检验。检验发现，产业国际分工对民营企业跨境并购活动的影响显著大于国有企业，且企业并购战略在民营企业发挥的调节作用大于国有企业。钱泓宇（2017）以互联网行业 2002～2013 年跨境并购事件为对象进行了实证分析。从长期来看，IT 行业在跨境并购中只取得了极低的长期绩效提升，其中国有企业跨境并购后的长期绩效急剧下降，而民营企业并购后的长期绩效在稳步提升。薛安伟（2018）将跨境并购作为独立解释变量，基于 2013～2016 年我国上市公司的微观数据，利用倾向得分匹配方法，首次实证检验了跨境并购对企业管理效率的影响。研究结果表明：跨境并购在当年对管理效率产生了负向影响，但是随着时间推移，其正向影响作用逐渐显现并不断增强。民营企业的影响作用高于国有企业。

由此可见，由于企业跨境并购后的长期绩效受到多种因素影响。因此，国有企业跨境并购后的长期绩效变化方向并不统一。

（四）研究现状简评

通过对国有企业跨境并购概念、并购动因以及并购效果三个方面研究文献的归纳梳理可以发现，现有文献主要存在以下四点不足：

1. 缺乏对国有企业跨境并购概念的权威界定

通过对国有企业跨境并购概念研究文献的梳理发现，不同研究者在研究国有企业跨境并购效果时，所采用的标准不统一。因此，导致所选取的研究样本就会不一致，他们得到的研究结果可比性就会较差，从而使得对他们的研究结果根本无法进行客观评判。因此，对国有企业和跨境并购概念的合理界定是进行跨境并购效果研究的基本前提。基于此，本研究在导论第二部分首先对国有企业和跨境并购两个基本概念进行清晰界定。

2. 国有企业跨境并购动因分析有差异

通过对国有企业跨境并购动因研究文献的归纳可以发现，有研究者从政治制度环境、监管体制环境、外汇储备状况以及产业结构转型升级等宏观视角对其动因进行剖析，也有研究者从资源获取、控制战略资产、开拓国际市场和寻求效率等微观视角去探讨其动因。无论是从宏观视角还是从微观视角，由于实施跨境并购的国有企业所属制度背景、所处发展阶段以及核心竞争力不同。因此，国有企业实施跨境并购的动因必然会有差异。基于此，本研究第四章、第五章、第六章和第七章也将分别对湖北上市和非上市国有企业跨境并购案的动因展开深入分析，期望能够通过对其相关动因的归纳分析，发现国有企业实施跨境并购的内在逻辑。

3. 国有企业跨境并购后的绩效变化方向较难统一

通过对国有企业跨境并购短期绩效的研究文献梳理可以发现，部分国有企业跨境并购发生后，短期绩效得到明显提升，即市场效应显著为正。也有部分研究发现跨境并购并没有提升国有企业的短期绩效，即市场效应不显著。还有研究表明跨境并购双方的异质性会给并购企业的短期绩效带来不同影响。另外，通过对国有企业跨境并购长期绩效的研究文献梳理可以发现，大部分研究认为，与国有企业相比，民营企业跨境并购前后绩效提升更明显。但也有部分研究发现，跨境并购后国有企业的绩效提升效果要好于民营企业。由此可见，由于受到诸多因素影响，不同国有企业在跨境并购后长期绩效的变化方向较难统一。基于此，本研究第四章、第五章和第六章将对湖北上市国有企业跨境并购后的短期绩效和长期绩效分别展开深入研究，以期能够发现提升国有企业跨境并购后绩效的有效路径。

4. 国有企业跨境并购后长期绩效评价指标过于单一

通过国有企业跨境并购长期绩效的研究文献梳理可以发现，大部分研究均采用财务指标分析法对企业跨境并购前后的盈利能力、营运能力、偿债能力以及发展能力四个方面的财务指标进行纵向比较，也有部分研究在上述基础上，进一步对跨境并购企业与其所在行业上市公司相应财务指标的同期均值进行横向比较。但这些比较仅限于财务指标之间，长期绩效的衡量手段就显得过于单一。而相比财务指标而言，企业的海外客户资源、人才质量、创新能力以及整合能力等非财务指标的变化才是跨境并购前后绩效变化的根源。因此，本研究第四章、第五章和第六章在对湖北上市国有企业跨境并购后长期绩效变化研究时，除采用财务指标法外，还采用了非财务指标法对其跨境并购前后相关非财务指标进行了比较研究。

四、研究思路与方法

（一）研究思路

本研究的主要思路如下：

第一，阐述跨境并购影响国有企业绩效的理论基础。它主要包括两个部分：一是分析跨境并购影响并购企业短期绩效（即市场效应）的理论基础；二是探讨跨境并购影响并购企业长期绩效的理论基础。本研究第一章相关理论分析为后续案例分析中相应公司跨境并购的市场效应和长期绩效分析奠定了坚实理论基础。

第二，评析湖北国有企业跨境并购法规。为有效实施"走出去"的发展战略，推动国有企业跨境并购，近年来国务院及湖北省政府相关职能部门先后出台了一系列相关文件法规。本研究第二章对系列法规进行全面评析，并在此基础上，以期能为补充和完善跨境并购相关法规提供参考依据。

第三，分析湖北国有企业及跨境并购现状。究竟有多少肩负着湖北国民经济发展重任的国有企业，在实施"走出去"战略过程中，通过跨境并购扬帆出海、走出国门？这些企业有何特征？本研究第三章通过对部分非上市国有企业和湖北省国资委进行实地调查和访谈，以及 Wind 金融终端数据库收集整理湖北非上市和上市国有企业相关资料，然后分别从湖北国有企业及湖北国有企业跨境并购现状两个方面进行分析。

第四，分析湖北上市国有企业跨境并购案例。本研究第四章、第五章和第六章分别分析了沙隆达 A 并购以色列 ADAMA 公司、光迅科技并购丹麦 IPX 公司和襄阳轴承并购波兰 KFLT 公司三起湖北上市国有企业跨境并购案。一方面，通过分析跨境并购对主并企业短期绩效（市场效应）的影响，不仅可以反映广大投资者对主并企业跨境并购获得审批的预期，而且也可以反映广大投资者对主并企业跨国后能否进行成功整合，进而提高企业绩效的预期。另一方面，通过分析跨境并购对主并企业长期绩效的影响，可以充分反映主并企业跨境并购后，是否通过有效整合资源实现了海外市场扩大、创新能力提高以及财务能力改善等并购的目的和初衷。

第五，分析湖北非上市国有企业跨境并购案例。本研究第七章分别分析了宜昌交通旅游产业发展集团有限公司并购香港保华控股公司宜港集团、湖北福汉木业（集团）发展有限责任公司并购中俄托木斯克木材工贸区项目以及湖北清能投资发展集团有限公司并购清江香港和香港怡港三起湖北上市国有企业跨境并购案。通过对主并企业跨境并购效果的分析和评价，为第八章改善湖北国有企业跨境并购状况政策建议的提出提供了依据。

第六，在前述研究基础上，第八章重点从补充完善国有企业跨境并购的法规文件、加强对国有企业跨境并购的监管与指导、加强对国有企业跨境并购效果的评估和监督三个方面，提出了改善湖北国有企业跨境并购状况的政策建议。

本书的研究框架如图 0-1 所示。

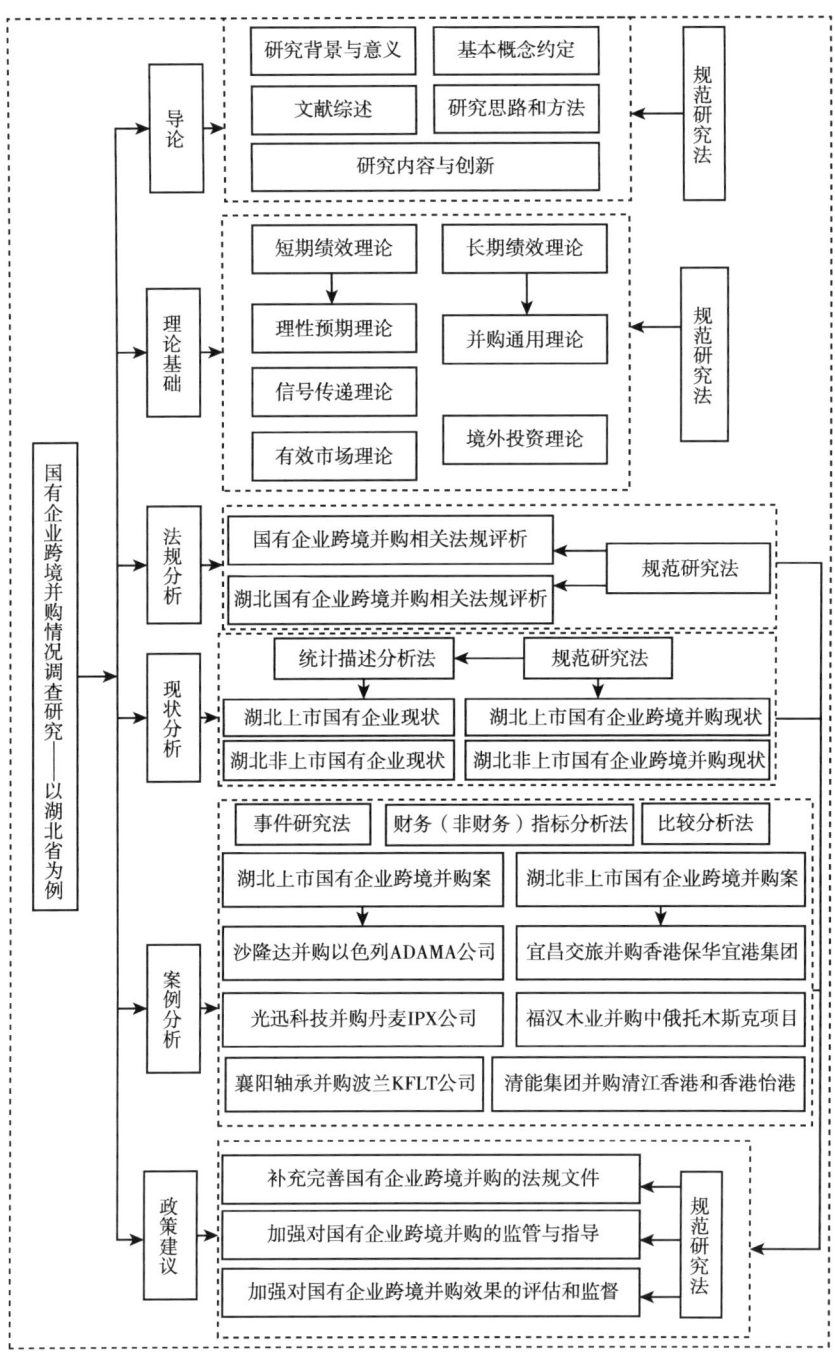

图 0-1 本书的研究思路框架

（二）研究方法

本研究采用的研究方法主要有三种：

第一，案例研究法和规范研究法相结合。案例研究和规范研究各有所长，案例研究主要强调用"事实和数据"，规范研究则更强调逻辑推理。在导论、第一章"跨境并购影响国有企业绩效的理论分析"、第二章"湖北国有企业跨境并购法规分析"、第三章"湖北国有企业及跨境并购现状分析"以及第八章"改善湖北国有企业跨境并购状况的政策建议"中主要采用规范研究法。而在第四章、第五章、第六章湖北上市国有企业跨境并购案以及第七章湖北非上市国有企业跨境并购案中则主要采用案例研究法。

第二，财务指标分析法和非财务指标分析法相结合。在第三章"湖北上市国有企业跨境并购案例分析之一：沙隆达A并购以色列ADAMA公司"、第四章"湖北上市国有企业跨境并购案例分析之二：光迅科技并购丹麦IPX公司"和第五章"湖北上市国有企业跨境并购案例分析之三：襄阳轴承并购波兰KFLT公司"中，关于跨境并购对主并企业财务能力的影响分析主要采用财务指标分析法，而关于跨境并购对主并企业客户满意度（市场份额）、学习能力（创新能力）和资源整合能力等的影响分析则主要采用非财务指标分析法。

第三，事件研究法和比较研究法相结合。在第三章"湖北上市国有企业跨境并购案例分析之一：沙隆达A并购以色列ADAMA公司"、第四章"湖北上市国有企业跨境并购案例分析之二：光迅科技并购丹麦IPX公司"和第五章"湖北上市国有企业跨境并购案例分析之三：襄阳轴承并购波兰KFLT公司"中，均采用了事件研究法和比较研究法。事件研究法主要用于跨境并购信息首次公开后对主并企业股东财富的影响分析，而比较研究法主要用于主并企业跨境并购完成当年、前后相关年度有关财务指标的纵向比较，以及主并企业跨境并购完成当年、前后相关年度有关财务指标与同行业企业同期相关财务指标均值的横向比较。

五、研究内容与创新

（一）研究内容

本研究除本部分导论介绍研究背景与意义、相关基本概念界定、文献综述、论文研究思路与框架、研究方法与可能创新，以及最后对全文结语外，共分八章对湖北国有企业跨境并购相关情况展开调查研究。

第一章　跨境并购影响国有企业绩效的理论分析。本章主要阐述跨境并购绩效的理论基础。本章主要运用理性预期理论、信号传递理论和有效市场理论，来解释跨境并购行为对国有企业短期绩效变化的影响。运用战略调整理论、协同效应理论、交易成本理论、速度优势理论、风险分散理论、小规模技术理论、产业升级理论、垄断优势理论、区位优势理论以及产业组织理论等进一步解释跨境并购行为对国有企业长期绩效变化的影响。这些相关理论为后文案例研究提供了理论铺垫。

第二章　湖北国有企业跨境并购法规评析。本章分别从国家和湖北省两个层面，分析了近年来出台的一系列推动国有企业跨境并购的相关法规文件。在对出台这些法规文件的目的和涉及跨境并购相关条款评价的基础上，提出了需要进一步补充和完善湖北省关于跨境并购相关法规文件的建议。

第三章　湖北国有企业及跨境并购现状分析。本章首先，从所属区域、行业分布、实际控制人性质及所属证券市场四个维度分析了湖北上市国有企业的现状。其次，从所属区域、行业分布和成立时间分布时段三个维度分析了湖北非上市国有企业的现状。再次，从所属区域、实际控制人性质及并购类型三个维度详细分析了湖北上市国有企业跨境并购的现状。最后，从所属区域、所属行业及并购类型三个维度详细分析了湖北非上市国有企业跨境并购的现状。

第四章　湖北上市国有企业跨境并购案例分析之一：沙隆达A并购以色列ADAMA公司。本章首先，介绍了主并企业沙隆达A和被并企业ADAMA公司的基本概况。其次，详细介绍了并购动因与并购过程。再次，运用事件研究法分析了跨境并购对沙隆达 A 短期绩效的影响,即跨境并购事件窗口期内的市场效应,从而揭示了广大投资者对该起跨境并购的预期和态度。最后,分别运用财务指标法和非财务指标法,详细全面分析了并购 ADAMA 公司对沙隆达 A 长期绩效的影响。

第五章　湖北上市国有企业跨境并购案例分析之二:光迅科技并购丹麦 IPX 公司。本章首先,介绍了主并企业光迅科技和被并企业 IPX 公司的基本概况。其次,详细介绍了并购动因与并购过程。再次,运用事件研究法分析了跨境并购对光迅科技短期绩效的影响,即跨境并购事件窗口期内的市场效应,从而揭示了广大投资者对该起跨境并购的预期和态度。最后,分别运用财务指标法和非财务指标法,详细全面分析了并购 IPX 公司对光迅科技长期绩效的影响。

第六章　湖北上市国有企业跨境并购案例分析之三:襄阳轴承并购波兰 KFLT 公司。本章首先,介绍了主并企业襄阳轴承和被并企业 KFLT 公司的基本概况。其次,详细介绍了并购动因与并购过程。再次,运用事件研究法分析了跨境并购对襄阳轴承短期绩效的影响,即跨境并购事件窗口期内的市场效应,从而揭示了广大投资者对该起跨境并购的预期和态度。最后,分别运用财务指标法和非财务指标法,详细全面分析了并购 KFLT 公司对襄阳轴承长期绩效的影响。

第七章　湖北非上市国有企业跨境并购案例分析。本章主要从并购双方概况、并购过程、并购背景与动因以及并购后的整合措施、计划安排和效果评价四个方面,分别剖析了宜昌交通旅游产业发展集团有限公司并购香港保华控股公司宜港集团、湖北福汉木业(集团)发展有限责任公司并购中俄托木斯克木材工贸区项目以及湖北清能投资发展集团有限公司并购清江香港和香港怡港等三家湖北非上市国有企业跨境并购案。

第八章　改善湖北国有企业跨境并购状况的政策建议。本章在对湖北国有企业跨境并购法规评析、湖北国有企业及跨境并购现状分析以及湖北上市和非上市国有企业跨境并购案例分析的基础上,提出了补充完善国有企业跨境并购法规文件、加强对国有企业跨境并购的监管与指导和加强对国有企业跨境并购效果的评估和监督等改善湖北国有企业跨境并购状况的政策建议。

（二）研究创新

本研究主要创新体现在三个方面：

第一，研究内容新颖。缺乏专门针对国有企业跨境并购相关法规文件进行梳理和分析的文献，本研究全面梳理和分析了我国和湖北省出台的有关国有企业跨境并购的相关法规文件。对相关国有企业跨境并购法规文件的梳理，不仅能为湖北国有企业跨境并购现状提供制度背景层面的解释，而且还能为补充和完善湖北国有企业跨境并购法规文件提供依据。

第二，研究视角独特。专门研究湖北国有企业跨境并购现状的文献甚少，尤其对湖北非上市国有企业跨境并购的研究更是缺乏。为揭开湖北国有企业跨境并购的神秘面纱以窥其真容，本研究分别从所属区域、所属行业、实际控制人性质、所属证券市场、成立时间分布时段及并购类型六个视角，对实施跨境并购的湖北国有企业的特征展开了全面分析。该分析不仅让我们对湖北国有企业的跨境并购现状有了认识，而且也为需要加强对湖北国有企业跨境并购的监管与指导提供了现实证据。

第三，研究方法全面。本研究综合运用事件研究法、财务指标分析法、非财务指标分析法和比较分析法等研究方法，系统研究了跨境并购对湖北国有企业绩效的影响。本研究不仅运用事件研究法研究了跨境并购对湖北上市国有企业的短期绩效（市场效应）影响，而且还运用财务和非财务指标法以及比较分析法从纵向和横向两个维度研究了跨境并购对湖北国有企业长期绩效的影响，并在此基础上，提出了加强对湖北国有企业跨境并购效果评估和监督的建议。

| 第一章 |

跨境并购影响国有企业绩效的理论分析

本章主要分析和探讨了跨境并购行为影响企业绩效的相关理论基础。它主要包括两个部分：一是分析跨境并购影响并购企业短期绩效（即市场效应）的相关理论基础；二是探讨跨境并购影响并购企业长期绩效的理论基础。本章的理论分析为后续案例分析中相应公司跨境并购的市场效应和长期绩效分析奠定了坚实理论基础。

一、跨境并购影响企业短期绩效的理论分析

本研究中的短期绩效即指市场效应，企业（上市公司）跨境并购行为为什么会导致其短期内股价的波动？对此比较有代表性的理论主要有：理性预期理论、信号传递理论和有效市场理论。

（一）理性预期理论与跨境并购企业市场效应

"理性预期"概念最早由 Muth（1961）在其发表的《理性预期与价格变动理论》一文中提出，他认为人们总是以自己尽可能收集到的信息为依据，并据此进行预测和决策，其本质是一种对"适应性预期"的修正。20世纪70年代，Lucas 等把理性预期引入宏观经济政策评价中，并对其假说作了重大发展，他们认为传统经济政策评价完全忽视了公众对政府政策的预

期与反应。至此,理性预期理论才得以正式形成。理性预期理论的核心观点是:每个经济行为主体总能利用其预先掌握的一切可以利用的信息,对事物的未来发展趋势做出准确预期,进而做出合乎理性的决策以指导其经济行为。

企业为达到拓展国际市场、获取先进技术和国际品牌等核心资源的目的,才会实施跨境并购。广大投资者基于理性预期理论就必然会认为,跨境并购企业的并购行为一定理性的,即其并购的目的应该可以在并购完成的将来能够实现。在此情况下,理性的广大投资者就会预测并购企业并购完成后的业绩会比并购前有所增长或大幅增长,未来业绩增长就意味着投资者分到的股利就会增长。根据企业价值的股利折现模型可知,投资者分到的股利增加就意味着投资企业的价值增长。此时,基于理性预期的行为就是,理性投资者就会从市场上购买该公司股票或者持有者就会惜售该公司股票,在此情况下,就必然会因股票的需求大于供给导致公司股价上涨。反之,则公司股价就会下跌。即企业跨境并购就会产生市场效应。

(二) 信号传递理论与跨境并购企业市场效应

2001年诺贝尔经济学奖获得者、美国经济学家Spence (1972) 在其博士论文《劳动市场信号》首次提出了"信号传递模型",他认为劳动力市场上普遍存在着有关雇佣能力信息不对称问题,雇员比雇主拥有更多信息优势,在竞争均衡时,不同能力的雇员得到的都是相同的平均工资。此时,能力强的雇员就会主动向雇主发出信号,使自己能够和能力弱的雇员区分开来,从而使自己的薪酬能够与能力相匹配。雇员教育程度便是其向雇主传递能力的重要信号之一。信号传递理论的核心观点是:在信息不对称情况下,公司可以通过股利分配或融资等相关政策向外界传递公司的内部经营信息,即传递公司内部经营真实状况的信号。广大投资者可以基于这种信号对公司未来经营态势做出预判,并根据该预判做出理性投资决策行为。

根据信号传递理论,企业实施跨境并购就是向外界传递其对拓展海外市场、控制全球资源链和海外经营充满信心的信号。广大投资者基于信号传递理论就必然会认为,完成跨境并购的企业业绩会比并购前有所增长或大幅增长，业绩增长就意味着投资者会分配到更多股利。根据股利折现模型的企业价值评估，企业分配更多股利就意味着企业价值的增长。此时，理性投资者就会从证券市场上购买该企业股票或者会惜售该企业股票，在此情况下，就必然会导致企业股价上涨，即企业跨境并购就会产生累计超常收益率为正的市场效应。

（三）有效市场理论与跨境并购企业市场效应

"有效资本市场"概念是由美国财务学家 Fama 于 1970 年在其发表的《有效资本市场：对理论和实证工作的评价》一文中提出的，他认为"如果信息能够及时、无偏且充分反映在市场的证券价格中，那么就可认为该市场是有效的。"[①] 有效证券市场必须具有四个前提：（1）证券市场是一个无任何交易成本的竞争性市场；（2）证券市场是一个充分竞争的市场，充分竞争就是指在该市场上所有的参与者都是价格的接受者，且不存在内幕交易；（3）证券市场上的信息产生是随机的且获取成本为零，即所有投资者都可以迅速、不间断、无成本地获得证券相关的所有信息；（4）证券市场上的所有投资者都是理性的？每个投资者对证券价格都具有理性预期且追求效用最大化。基于以上四个前提，他还将有效市场分为：弱式有效市场、半强式有效市场和强式有效市场。在弱式有效市场上，证券价格均为历史信息的反映，投资者仅靠基本分析法便可获取超额利润；在半强式有效市场上，证券价格除反映历史信息外，还能反映所有公开信息，投资者需要获取内幕信息才可获得超额利润；在强式有效市场上，股价即为公司所有信息的反映，投资者无法通过任何途径获得超额利润。

企业公布跨境并购信息后，广大投资者都会根据该信息对其作判断，判断主要涉及跨境并购的真正动机是什么、跨境并购能否成功通过审批以及跨境并购后成功整合的概率有多大等内容。虽然不同投资者拥有的知识水平和分析能力不同，但他们对跨境并购事件反映的综合结果就是该公司股票价格

---

① Eugene Fama. Efficient Capital Market: A Review of Theory Empirical Work. *Journal of Finance*, Vol. 25, 1970, pp. 383 – 417.

的变化。如果投资者对该并购事件持乐观态度,那么他们就会购买或继续持有该公司股票,从而导致该公司股价上升,即出现跨境并购的正市场效应。反之,如果投资者对该跨境并购事件持谨慎态度,那么他们就会卖出或不购买该公司股票,从而导致公司股价下跌,即出现跨境并购的负市场效应。如果投资者对该并购事件持中立态度,那么他们对该公司股票是否购买或是否持有行为的选择上必然是无偏的,从而导致公司股价波动也是随机的,即跨境并购的市场效应方向就会不明。总之,企业跨境并购的市场效应总能通过其股价波动在有效证券市场上得以反映。

二、跨境并购影响企业长期绩效的理论分析

在有效证券市场上,市场效应能够反映广大投资者对企业跨境并购行为的预期,这种预期是基于投资者认为跨境并购必然会影响企业并购后的管理效率、公司治理、创新能力和市场拓展等方面。跨境并购究竟是如何影响并购企业的管理效率、公司治理和创新能力,进而影响并购企业的长期绩效呢?下面分别从并购通用理论和境外投资理论两个方面对其进行理论诠释与分析。

(一) 并购通用理论与企业长期绩效

并购是指两个或两个以上的企业,为优化资源配置、改善发展环境,主动进行资源整合的一种行为。并购行为将对并购者的战略转型、管理效率、经营成本、经营风险及发展速度等方面产生重大影响,进而影响并购公司的长期绩效。下面分别从战略调整、效率提高、成本降低、发展速度和风险控制五个方面阐述并购对公司长期绩效的影响。

1. 战略调整理论

战略事关企业未来发展,合适的战略能把企业带向成功,错误的战略必然导致企业走向失败。战略调整理论认为,并购企业收购和整合与自己主营

业务不相关的被并企业，并购主要有两个目的：(1) 通过并购使自己业务进一步多元化，从而降低自身经营风险；(2) 在拟进入的行业进行尝试性探索，从而为自己未来主营业务转型做准备。处于市场饱和、产品竞争激烈行业的企业往往倾向于进行战略调整。一些未来发展潜力大的"朝阳"产业的企业可能最易成为并购者的首选目标。并购企业在完成对自己原来不熟悉的业务并购之后，会慢慢摸索和逐渐熟悉该行业的经营模式和经营规律。并在此基础上，不断剥离原来的主营业务，并逐渐增加对被并企业股份或资产的控制，最后完全退出原来的行业，实现业务的成功转型，该理论对混合并购的企业实践活动具有较强指导性，同时也对混合并购企业长期绩效的提升具有解释力。

2. 协同效应理论

协同效应理论最开始出现在 20 世纪 60 年代，由 H. 伊戈尔·安索夫提出，他认为企业之所以选择并购，是由于其并购前的生产经营规模无法满足其发展需要，而通过横向、纵向或混合并购的方式可以提升企业效率，实现协同效应。

协同效应理论包括管理协同效应理论、经营协同效应理论和财务协同效应理论。管理协同效应理论认为由于经营上的协同性，并购导致并购后企业管理效率的提高，从而给会带来并购后并购企业绩效的提升。管理协同效应根源于并购双方经营效率上的差异，也正是双方管理效率上的差异才导致了并购后管理协同效应的出现。比如甲公司的管理效率高于乙公司，那么甲公司并购了乙公司后，甲公司保持原来的管理效率，乙公司的管理效率会因为得到甲公司高效率的管理而提高，从而并购后的公司管理效率由于两公司的并购而得到提高，即产生"1 + 1 > 2"的效果。因此，管理协同效应必须具备两个基本前提：(1) 并购公司的管理资源必须具有剩余，且只能作为一个团队才能发挥作用，即具有不可分散性。(2) 被并企业管理的低效率可以通过外部管理层的介入和管理资源的增加而得到改善[①]；经营协同效应理论认为，由于人力资源和机器设备等特殊资产具有专用性和不可分割性等特征，

---

① 王化成、高级财务管理学、中国人民大学出版社，2003：27.

因而企业在生产经营上存在规模经济性。企业通过并购能实现优势互补，从而实现经营协同效应。比如甲公司擅长技术研发，乙公司擅长生产，而丙公司擅长营销，如果甲、乙、丙三家公司进行并购整合，那么三者的优势互补将必然会带来并购后企业获得经营上的协同效应，从而导致其绩效的提升；财务协同效应理论认为，并购后的企业会因为企业规模的扩大和综合实力的增强等导致其外部融资变得更为容易，从而外部融资成本相比各单个企业也会降低。另外，并购也会内部资金的余缺调剂而使得融资成本减少。这种融资成本的降低就是并购带来的财务协同效应。无论是从管理协调效应理论分析，还是从经营协同效应理论和财务协同效应理论分析，并购对并购企业长期绩效的提升都具有重要作用。

3. 交易成本理论

交易成本理论又称内部化理论。"交易成本"概念是英国经济学家 Coase（1937）年在其发表的《论企业的性质》一文中提出来的，该理论认为，企业存在的原因是降低交易成本，而企业发展的动力是节约交易费用。Coase 认为企业和市场是资源配置的两种可以相互替代的手段。两者的不同在于企业内的资源配置是通过经营者的管理完成的，而市场上的资源配置则是由价格调节来实现的。两种手段的选择取决于企业内管理组织成本与市场定价成本的高低。如果一笔交易通过市场机制来组织所花费的成本高于通过企业内部组织所花的成本，则该笔交易就会选择用企业内部经营活动方式来进行，即"内部化"，企业并购就是市场交易"内部化"的过程。企业是否采取通过并购方式进行扩张，取决于企业内部组织成本与市场交易成本的比较，比较结果直接影响企业规模的扩大或收缩。企业并购就是将市场交易关系变为内部交易关系。总之，并购是企业资源获取成本最小化的结果，也必然会因成本的降低而提升并购企业的长期绩效。

后来，Williamson（1971，1975，1979）和 Casson 和 Buckley（1976）又进一步拓展了交易成本研究，在 Coase 交易成本理论的基础上提出了内部化理论，并将其用于跨境并购现象的解读。换言之，跨国公司实质上就是国际市场内部化的产物。从宏观层面上讲，它能对世界范围的资源进行优化配置，有益于全球经济发展。从微观层面上看，它能提升并购后公司的长期绩效。

4. 速度优势理论

"速度经济性"最早是由美国企业史学家 Chandler（1999）提出，他指出企业的经济效率不仅取决于转换资源的数量，而且还取决于转换资源的速度。速度优势理论认为，企业进行并购的重要原因就是为了追求速度上的经济性。外延式发展路径（并购）与内涵式发展相比，既可以使并购企业快速获得被并企业的生产能力、销售渠道以及研发能力等各种优势资源，又能够有效防止被并企业的抵制和报复，从而降低投资风险。速度优势理论能够对并购企业选择发展路径提供有力解释。

5. 风险分散理论

20 世纪 70 年代，Caves 和 Stevens 在 Markowitz（1952）证券组合理论的基础上提出了风险分散理论。该理论认为投资者可以通过在资本市场上投资更多种类的投资品，从而分散降低其投资风险。而企业管理者无法像投资者那样通过投资品种的多样化分散投资风险，但其可以通过并购其他行业的企业，实施多元化经营分散降低其单一经营的风险。另外，并购后企业规模的扩大也可以增加管理者的升迁机会、薪酬提高以及工作安全感。这样并购就能更好地迎合管理者的需求。虽然多元化经营未必一定要通过并购来实现，其也可以通过企业的内部成长达到，但如果从时间成本因素考虑，并购就自然是其迅速达到多元化扩张目的的一种最有效的方式。该理论对解释企业间的混合并购具有较强说服力。从风险控制角度看，混合并购毫无疑问能使企业的生产经营风险降低，从而使其绩效更加稳定。保持绩效的长期稳定或增长对企业生存和发展是至关重要。

总之，无论是战略调整理论、协同效应理论、交易成本理论和还是速度优势理论和风险分散理论，它们也都仅仅只是从某一个角度来解析并购发生的动因。而实际上并购本身是企业一个较为复杂的管理活动，其动因也会不断随环境变化而变化。因此，任何一种并购理论在解释某种类型并购时可能都有其局限性的一面，但不能因为其有局限性就完全否定它，因为它们在解释企业并购动因以及并购后公司绩效的变化等方面还都有自己的优势。

（二）境外投资理论与企业长期绩效

上文阐述的战略调整理论和协同效应理论等并购通用理论，的确能够解释并购行为对并购企业长期绩效的影响机理，跨境并购虽然也是并购，但由于其具有自身的特殊性，故还需要进一步从跨境视角诠释跨境并购如何影响并购企业长期绩效的机理。下面分别从技术迁移、产业升级、垄断优势、区位优势和产业组织五个方面阐述跨境并购对并购企业长期绩效的影响。

1. 小规模技术理论

小规模技术论是由美国经济学家 Wells 在其 1977 年发表的《发展中国家的企业国际化》一文中提出来的。之后他又在 1983 年出版的《第三世界跨国企业》一书中，对发展中国家的跨国投资相关理论进行了系统阐述。它是对发展中国家企业跨境直接投资的全新诠释。他认为，一方面以大规模生产为特征的发达国家的先进技术无法在市场规模有限的发展中国家发挥规模效益。另一方面一些发展中国家的企业，为适应自身有限规模市场开发的技术反而获得了对其他发展中国家投资转移技术的比较优势。另外，他还指出种族纽带也是发展中国家跨境投资的一个优势，这种优势在发展中国家企业对东道国侨民聚居区进行民族特色产业投资时表现尤为明显。因小规模技术的特点和本身经验的缺乏所导致的对外技术转让困难以及专利保护等问题，是造成发展中国家企业更倾向于利用内部化即并购对外投资的重要诱因之一。不过，发展中国家企业的特有优势多数是与其固有弱点相伴而生，诸如，发展中国家跨国企业的专利保护意识淡漠，比较优势较易被人模仿等。因此，发展中国家的跨国企业要保持竞争活力，必须时刻注意保持自己的优势不被模仿，而要做到这些，必须加大研发投入力度，使自己的小规模技术垄断优势建立在难以模仿的更高水平基础上。该理论为经济相对落后的发展中国家的企业进行跨境并购提供了一种理论诠释。

发展中国家的企业通过跨境并购，实现小规模技术的有效迁移，不仅可以降低小规模技术的单位研发成本，而且也必然地带来小规模技术应用规模效益的提高，从而就能实现跨境并购企业长期绩效的提升。

2. 产业升级理论

产业升级理论是由英国经济学家 Cantwell 和他的学生 Tolentino 在他们 1990 年发表的《技术积累与第三世界跨国公司》一文中提出。他们认为，无论是发展中国家还是发达国家，技术创新都是企业发展的根本动力和对外投资的重要前提，但不同国家的企业技术创新路径选择会有差异。发达国家企业的技术创新主要是通过大量的研发投入实现，它多以原创技术为主，并领导技术创新潮流。而发展中国家企业的技术创新则主要是建立在"学习经验"上的对现有生产技术的掌握和开发。Cantwell 认为，发展中国家跨国企业之所以能够和发达国家跨国企业相抗衡，就是因为其也有自己的独特"技术"。这种独特"技术"包括两类要素：一类是"可编程"要素，它主要是指在技术市场上较易获取的有形知识。另一类是"不可编程"要素，它主要是指那些物化于技术人员和管理人员身上的知识、技能和经验等无形知识。此类要素才是企业的核心优势。发展中国家的跨国企业一般都会先通过并购境外企业或直接从技术市场购买获取"可编程"要素，然后在熟悉、消化和掌握了这种要素之后，就会物化形成自己独特的"不可编程"要素，从而形成自己的对外投资优势。它认为通过学习和掌握新技术（"可编程"要素），并根据境外客户的需要对新技术进行修改的过程也是技术创新。另外，他们通过研究还发现，发展中国家企业的技术能力提升与其对外投资密切相关。发展中国家的跨国投资一般是沿着从周边地区的发展中国家再到发达国家的路径进行，投资领域一般是从传统产业逐步扩展到高新技术产业。这些发现为发展中国家企业技术能力提升是在对外投资过程中逐步积累和形成的观点提供了有力证据。

发展中国家要摆脱高消耗、低产出的低端制造业，必须要进行产业结构升级。从宏观来看，产业结构升级就是指一个国家经济增长方式的转变，具体表现为：经济增长动力从要素驱动向创新驱动转变，经济增长资源从依赖低成本的劳动力向依赖资本与知识转变，经济增长模式从依托资源运营向依托产品运营、资产运营、资本运营和知识运营转变。从微观来看，产业结构升级就是指企业通过股权结构改变、技术升级、管理模式改进、生产效率提高以及产业链升级实现企业整体结构升级。无论是从宏观还是从微观看，发展中国家企业可以通过跨境并购，获得技术创新能力提升与内部治理水平提高，促使管理理念改变与管理模式改进，并推动产业链省级与生产效率提高。毫无疑这些要素的改变必然会带来跨境并购企业长期绩效的极大提高。

3. 垄断优势理论

垄断优势理论最早是由美国经济学家 Hymer 在 1960 年完成的博士论文《国内企业的国际经营：对外直接投资研究》一文中提出，后经其博士导师 Kindleberger 及其他学者的补充和改进，逐渐使其成为西方专门研究对外投资的独立理论。Hymer 以 1914~1956 年美国对外投资的大量资料为依据，进行实证研究发现，传统国际投资理论提出的利率差异是国际资本转移主要诱因的观点，对各国之间交叉投资的现象是无法给予有力解释的。另外，他还发现传统国际投资理论的前提——市场完全竞争假设在现实中是极少见的，而不完全竞争才是市场常态。正是由于真实市场竞争的不完全性才使得部分企业具有垄断优势，这些垄断优势主要包括：规模经济优势、管理效率优势、资金与技术优势、体制机制优势以及信誉与品牌优势等。国家贸易保护政策、政府间多边合作贸易协议以及政府其他经济管制政策等因素是造成真实市场竞争不完全性的主要根源。据此，他提出市场竞争的不完全性使国内某些企业拥有垄断优势，突破贸易壁垒和规避管制政策使垄断优势经济效益最大化是促使企业进行跨境并购的重要原因。20 世纪 60~70 年代，该理论具有较大影响力。

许多发展中国家为了保护自己在国际竞争中的弱势产业发展，往往通过设置一些贸易壁垒和制定反垄断法律，把强大竞争对手拒之国门之外，而发达国家企业要突破贸易壁垒和政策管制，跨境并购是较为有效的方式。因此，垄断优势理论主要是用于解释发达国家企业并购发展中国家企业的实践。发达国家企业通过并购发展中国家企业实现了其垄断优势经济效益最大化，发展中国家企业也因发达国家企业并购后的技术、管理和品牌等资源输入而提升了企业盈利能力，由此可见，跨境并购不仅能提高并购企业的盈利能力，而且也能提高被并企业的盈利能力，对并购双方长期绩效的提升都有重要作用。

4. 区位优势理论

区位优势理论是英国经济学家 Dunning1977 年提出的著名的国际生产折衷理论的三大核心支撑理论之一。他认为被并企业所处区位（国家或地区）的特殊性，是诱导跨国企业进行跨境并购的重要动力。一般来说，被并企业的区位特殊性主要表现为：（1）优惠政策力度大。当被并企业所在国或地区政府为吸引和鼓励国外企业来投资，会出台各种免税或低税率等优惠政策。如果这些优惠政策能够对跨国企业产生吸引力，跨国企业就会通过跨境并购进行投资；（2）劳动力成本低廉。由于移民管制政策和国际劳动力市场的人为分割，使得各国之间的劳动力无法合理有序流动，导致各国实际工资成本存在明显差异。特别是在技术实现标准化后，跨国企业通过并购劳动力成本低廉国家和地区的企业，可以显著降低生产成本；（3）产品销售市场广阔。如果被并企业所在国或地区的市场规模或潜在市场规模广阔，这一区位优势也是影响跨国企业实施跨境并购的重要因素。总之，国家和地区的区位优势是促使跨国公司进行跨境并购的重要推动力。

跨国企业通过实施跨境并购进入具有区位优势的国家或地区之后，必然会因享受各种优惠政策、雇佣更加低廉的劳动力以及产品销量的大幅增加等原因，导致其产品单位成本的明显降低和销售收入的大幅增长，从而会给其带来更可观的利润和长期绩效的持续增长。

5. 产业组织理论

产业组织理论最早是由美国经济学家 Mason 和 Bain 在相关研究中提出，1959 年 Bain 撰写出版的《产业组织》一书中首次对其进行了系统阐述。他主要强调市场结构对企业行为和绩效的影响作用，也被称之为"结构主义"。并且他认为市场集中度决定企业市场行为方式，而市场行为方式又决定企业绩效好坏，这被称之为"结构——行为——绩效"（SCP）分析范式。市场集中度高的行业的企业总是倾向于提高价格、设置障碍以谋取垄断利润，阻碍技术进步，造成资源的低效率配置。要想企业获得好绩效，最重要的是要通过公共政策来调整和改善不合理的市场结构，限制垄断力量，保持市场适度竞争。

如何使市场保持适度竞争，产业组织理论认为，企业核心技术垄断和政府准入限制是市场保持适度竞争的主要障碍。企业为获取更长时期的技术垄断收益，往往就会有意拖延对核心技术的垄断期。被并企业所在国或地区为保护其弱势产业或考虑国家经济安全就会制定严苛的外资准入政策。在此情形下，即便是实力雄厚的跨国企业也很难通过绿地投资方式进入，跨境并购方式就成了重要选择（Baldwin等，1987；Caves等，1986；Yip，1982）。产业组织理论虽然还不能全面解释跨境并购投资行为，但较以前仅关注企业特征和东道国环境等因素的研究，无疑是对跨境并购影响因素研究的又一次丰富和完善。

综上可见，无论是小规模技术理论、产业升级理论还是垄断优势理论、区位优势理论以及产业组织理论等关于跨境并购影响并购企业长期绩效的每个理论，都只是从不同角度对跨境并购的实践活动进行理论解读，它们都曾对当时环境下企业的跨境并购活动起到过重要指导和推动作用。同时，我们还应注意到任何一种理论都不是万能的，都有其赖以形成的环境。因此，其带有一定局限性也是难免的。这也正是迄今为止，没有也永远不可能有一个可以对跨境并购实践活动以及影响其长期绩效变化解释的"通论"。

| 第二章 |

湖北国有企业跨境并购法规评析

为有效实施"走出去"的发展战略，推动国有企业跨境并购，近年来国务院及湖北省政府相关职能部门先后出台了一系列相关法规文件。本章拟对系列法规文件进行全面评析，并在此基础上，以期能为补充和完善国有企业跨境并购相关法规文件提出合理化建议。

一、国有企业跨境并购相关法规评析

为促使和帮助国有企业尽快"走出去"，深度参与国际竞争和全球产业分工，提高资源全球化配置能力，我国政府先后出台了一系列支持国有企业跨境并购的相关法规。

（一）国有企业跨境并购相关法规分析

为全面了解国务院相关部委颁发的系列关于国有企业跨境并购相关法规的主要内容，下面分别从法规制订目的和涉及跨境并购相关条款两个方面对相关法规展开分析。

1. 国有企业跨境并购相关法规制订目的分析

为全面了解有关国有企业跨境并购法规的出台目的，对相关法规的制订目的进行分析与解读十分必要。相关法规（列示顺序按照法规出台时间由近及远）制订目的表述详见表2-1。

表2-1　　　　　　国有企业跨境并购法规制订目的比较表

法规名称	制订目的
《国有企业境外投资财务管理办法》（201706）	加强国有企业境外投资财务管理，防范境外投资财务风险，提高投资效益，提升国有资本服务于"一带一路""走出去"等能力。
《中国（湖北）自由贸易试验区总体方案》（201704）	建立中国（湖北）自由贸易试验区是党中央、国务院做出的重大决策，是新形势下全面深化改革、扩大开放和加快推进中部崛起、长江经济带发展的重大举措。全面有效推进中国（湖北）自由贸易试验区建设。
《关于国有企业发展混合所有制经济的意见》（201509）	发展混合所有制经济是深化国有企业改革的重要举措。落实党中央、国务院关于推进国有企业混合所有制改革，促进各种所有制经济共同发展的决策部署。
《关于构建开放型经济新体制的若干意见》（201505）	加快构建开放型经济新体制，进一步破除体制机制障碍，使对内对外开放相互促进，引进来与走出去更好结合，以对外开放的主动赢得经济发展和国际竞争的主动，以开放促改革、促发展、促创新，建设开放型经济强国。
关于加快科技服务业发展的若干意见（201410）	科技服务业是现代服务业的重要组成部分，具有人才智力密集、科技含量高、产业附加值大、辐射带动作用强等特点。加快科技服务业发展，是推动科技创新和科技成果转化、促进科技经济深度融合的客观要求，是调整优化产业结构、培育新经济增长点的重要举措，是实现科技创新引领产业升级、推动经济向中高端水平迈进的关键一环，对于深入实施创新驱动发展战略、推动经济提质增效升级具有重要意义。
《境外投资管理办法》（201409）	促进和规范境外投资，提高境外投资便利化水平。境外投资是指在中华人民共和国境内依法设立的企业通过新设、并购及其他方式在境外拥有非金融企业或取得既有非金融企业所有权、控制权、经营管理权及其他权益的行为。
《境外投资项目核准和备案管理办法》（201404）	促进和规范境外投资，加快境外投资管理职能转变。境外投资项目是指投资主体通过投入货币、有价证券、实物、知识产权或技术、股权、债权等资产和权益或提供担保，获得境外所有权、经营管理权及其他相关权益的活动。

续表

法规名称	制订目的
《中央企业境外投资监督管理暂行办法》（201205）	加强中央企业境外投资监督管理，促进中央企业开展国际化经营，引导和规范中央企业境外投资活动。
《关于开展中央企业对外并购事项专项检查的通知》（201005）	全面了解和掌握国资委成立以来中央企业对外并购情况，监事会拟开展中央企业对外并购事项专项检查。检查分析企业对外并购管控制度的有效性和并购程序的合规性，评估并购方向合理性，评价并购实施效果，推动企业进一步规范并购行为，加强风险管控，健全完善管理制度，促进中央企业又好又快发展。

根据表2-1中各法规制订目的的内容表述，可将目的分为宏观目的和微观目的。制订相关政策法规的宏观目的是：（1）全面深化改革开放，加快推进中部崛起、长江经济带发展战略实施；（2）加快构建开放型经济新体制，建设开放型经济强国；（3）加快科技服务业发展，推动科技创新和科技成果转化、促进科技经济深度融合，调整优化产业结构、培育新经济增长点，实施创新驱动发展战略、推动经济提质增效升级。制订相关政策法规的微观目的是：（1）加强国有企业境外投资财务管理，防范境外投资财务风险；（2）推进国有企业混合所有制改革；（3）引导和规范中央企业境外投资活动；（4）促进和规范境内企业通过新设、并购及其他方式进行境外投资；（5）了解和掌握国中央企业对外并购概况。

总之，政府制订企业跨境并购相关法规的最主要的目的是：希望出台相关政策促使我国企业（含国有企业）通过实施跨境并购（海外并购、境外投资和对外并购等），能够积极主动融入国际产业链，深度参与国际竞争和全球产业分工，从而提高其资源全球化配置能力。

2. 国有企业跨境并购法规跨境并购相关条款分析

为深入理解国有企业跨境并购法规中关于跨境并购的具体相关条款，对各法规相关条款进行比较分析十分必要。国务院出台的各相关法规跨境并购具体条款详见表2-2。

表2－2　　国有企业跨境并购法规跨境并购相关条款比较表

法规名称	跨境并购相关条款
《国有企业境外投资财务管理办法》（201706）	境外投资是指国有企业在香港、澳门特别行政区和台湾地区以及中华人民共和国以外通过新设、并购、合营、参股及其他方式，取得企业法人和非法人项目所有权、控制权、经营管理权及其他权益的行为。国有企业进行境外投资，应当组建包括行业、财务、税收、法律、国际政治等领域专家在内的团队或者委托具有能力并与委托方无利害关系的中介机构开展尽职调查并形成书面报告。尽职调查应当重点关注目标企业（项目）所在国（地区）的宏观经济风险（包括经济增长前景、金融环境、外商投资和税收政策稳定性、物价波动等）及目标企业（项目）存在的财务风险（包括收入和盈利大幅波动或不可持续、大额资产减值风险、或有负债、大额营运资金补充需求、高负债投资项目等）。
《中国（湖北）自由贸易试验区总体方案》（201704）	积极融入全球创新网络。鼓励自贸试验区内的企业"走出去"，在国外设立研发机构，参与国际科技项目合作。简化自贸试验区内企业海外技术并购审批手续，试行以事后备案代替事前审批。探索通过并购、技术转移、合作参股等多种方式在海外建立孵化基地。
《关于国有企业发展混合所有制经济的意见》（201509）	引入外资参与国有企业改制重组、合资合作，鼓励通过海外并购、投融资合作、离岸金融等方式，充分利用国际市场、技术、人才等资源和要素，发展混合所有制经济，深度参与国际竞争和全球产业分工，提高资源全球化配置能力。
《关于构建开放型经济新体制的若干意见》（201505）	提升金融机构国际化经营水平，鼓励金融机构审慎开展跨境并购，完善境外分支机构网络，提升金融服务水平，加强在支付与市场基础设施领域的国际合作。
《关于加快科技服务业发展的若干意见》（201410）	支持科技服务企业"走出去"，通过海外并购、联合经营、设立分支机构等方式开拓国际市场，扶持科技服务企业到境外上市。
《中央企业境外投资监督管理暂行办法》（201205）	中央企业应当加强境外投资风险管理，收集投资所在国（地区）风险信息，做好对风险的定性与定量评估分析，制订相应的防范和规避方案，加强风险预警，制定突发事件的应急预案和风险发生后的退出机制，做好风险处置。
《境外投资管理办法》（201409）	企业应当客观评估自身条件、能力，深入研究投资目的地投资环境，积极稳妥开展境外投资，注意防范风险。
《境外投资项目核准和备案管理办法》（201404）	境外收购项目，是指投资主体以协议、要约等方式收购境外企业全部或者部分股权、资产或其他权益的项目。
《关于开展中央企业对外并购事项专项检查的通知》（201005）	检查中央企业对外并购战略和方向、决策程序合规性、资产评估的规范性和收购价格的合理性、被并购企业并购后运行状况、评价对外并购成效、分析对外并购风险。

由表 2-2 可知，各法规对企业跨境并购（境外投资、海外并购、对外并购）相关条款的表述主要涉及七个方面：（1）国有企业进行境外投资，应当组建包括行业、财务、税收、法律、国际政治等领域专家在内的团队或者委托具有能力并与委托方无利害关系的中介机构开展尽职调查并形成书面报告。尽职调查要重点关注标的企业所在国的宏观经济风险及财务风险；（2）鼓励自贸试验区内企业"走出去"，简化其海外技术并购审批手续；（3）鼓励国有企业通过海外并购引入外资参与改制重组，发展混合所有制经济，促使其深度参与国际竞争和全球产业分工，提高资源全球化配置能力；（4）鼓励金融机构审慎开展跨境并购，提升金融机构国际化经营水平；（5）支持科技服务企业通过海外并购"走出去"，开拓国际市场；（6）中央企业应当深入研究投资目的地投资环境，积极稳妥开展境外投资，加强境外投资风险防范管理；（7）评价中央企业对外并购战略和方向、决策程序合规性、资产评估的规范性和收购价格的合理性、被并购企业并购后运行状况、评价对外并购的成效和风险。

通过对上述七个方面跨境并购内容表述的比较，这些法规主要强调了国有企业在进行跨境并购时，应充分开展尽职调查，高度重视并购对象所在国（地区）的经济风险、法律风险和政策风险。在并购完成后，企业还要动态评估并购效果并及时调整管理政策。

（二）国有企业跨境并购相关法规评价

国有企业跨境并购相关法规的实施对推动国有企业（央企）"走出去"成效显著。2019 年中央企业累计实现营业收入 30.8 万亿元，同比增长 5.6%，累计实现净利润 1.3 万亿元，同比增长 10.8%。制造业、租赁和商务服务业、信息传输、软件和信息技术服务业成为海外并购的重点。在经济运行保持稳中有进的态势下，供给侧结构性改革持续深化，国企改革迈出重要步伐，科技创新取得重大进展，开放合作获得丰硕成果。[①]

企业跨境并购不是为并购而并购，更要注重与自身发展需要相适应。随

---

① 2019 年中央企业经济运行情况（来源于 http：//www.sasac.gov.cn）。

着海外运营经验的日益丰富，我国一大批企业正从"走出去"向"走进去"和"走得好"转变，海外业务提质增效、技术含量越来越高。截至2018年底，我国对外直接投资存量已达1.94万亿美元，制造业等实体经济领域对外投资稳步增长，非理性对外投资继续得到有效遏制（《中央企业境外投资监督管理暂行办法》和《境外投资管理办法》等法规有直接规定）。中国企业在海外的快速发展，离不开专业服务机构的有力支撑（《关于构建开放型经济新体制的若干意见》有相关规定）。中国出口信用保险公司主动发挥政策性保险职能，其推出的海外投资保险帮助不少中国企业在"走出去"过程中"走得稳、走得好"。统计显示，2018年中国出口信用保险公司海外投资保险承保金额581.3亿美元，承保覆盖油气、矿产、园区、电力、交通基础设施、境外经贸合作区及各类制造业，项目分布在全球84个国家和地区。对企业境外投资项目面临的征收、汇兑限制、战争及政治暴乱、违约等风险提供充分保障，最高赔偿比例达95%。[①]

由此可见，国有企业跨境并购相关法规的出台为我国国有企业"走出去"插上了有力翅膀，也正在促使其成为世界经济增长的重要动力源。

二、湖北国有企业跨境并购法规解析

为准确把握和全面理解湖北国有企业跨境并购行为的趋势和特点，并为完善湖北国有企业跨境并购法规提供更具针对性的政策建议，对湖北国有企业跨境并购的法规体系进行梳理、分析与评价尤为必要。

（一）湖北国有企业跨境并购相关法规分析

为全面了解湖北规范国有企业跨境并购各法规的主要内容，并认识其可能存在的不足，下面分别从法规制订目的和跨境并购相关条款两个方面对湖北国有企业跨境并购法规展开分析。

---

① 王俊岭．"走出去"，越走越好．人民日报海外版，2019-02-26.

1. 湖北国有企业跨境并购法规的制订目的分析

政策法规对企业跨境并购实践具有较强约束和引导作用。为深刻理解湖北国有企业跨境并购行为特征，对湖北国有企业跨境并购法规的制订目的进行分析十分必要。相关法规（列示顺序按照法规出台时间由近及远）制订目的详见表2-3。

表2-3　　湖北国有企业跨境并购法规制订目的比较表

法规名称	制订目的
关于印发中国制造2025湖北行动纲要的通知（201512）	为贯彻落实《中国制造2025》，推动湖北制造业提质增效、由大变强，加快"建成支点、走在前列"进程。
关于运用大数据加强对市场主体服务和监管的实施意见（201512）	为贯彻落实《国务院办公厅关于运用大数据加强对市场主体服务和监管的若干意见》（国办发〔2015〕51号）精神，充分运用大数据先进理念、技术和资源，加强对市场主体的服务和监管，提高政府治理能力。
关于加快服务业发展的若干意见（201501）	为贯彻落实国务院关于支持服务业发展的系列文件精神，加快推动全省服务业发展，促进经济结构调整优化升级。
关于印发湖北省集成电路产业发展行动方案的通知（201409）	为贯彻落实国务院《国家集成电路产业发展推进纲要》（国发〔2014〕4号），促进我省集成电路产业加快发展。

由表2-3中各法规制订目的的内容表述可知，湖北出台《关于印发中国制造2025湖北行动纲要的通知》《关于运用大数据加强对市场主体服务和监管的实施意见》《关于加快服务业发展的若干意见》和《关于印发湖北省集成电路产业发展行动方案的通知》等四个法规文件的目的是：（1）为了贯彻落实国务院相关文件法规的精神；（2）推动湖北制造业提质增效；（3）加快推动湖北现代服务业快速发展，促进湖北经济结构的优化升级；（4）促进湖北集成电路产业快速发展。

总而言之，湖北省政府出台相关政策法规，就是希望它不仅能够有效贯彻落实国家相关文件法规精神，而且能够促使湖北企业（含国有企业）通过实施跨境并购（海外并购、境外投资和对外并购等），获取先进技术和管理经验，从而促使和推动湖北制造业提质增效、现代服务业和集成电路等产业步入快速发展轨道。

2. 湖北国有企业跨境并购法规跨境并购相关条款分析

为深入理解湖北国有企业跨境并购法规中关于跨境并购的具体相关条款，对各法规相关条款进行比较分析十分必要。湖北出台的各相关法规关于跨境并购的具体条款详见表2-4。

表2-4 湖北国有企业跨境并购法规跨境并购相关条款比较表

法规名称	跨境并购相关条款
关于印发中国制造2025湖北行动纲要的通知（201512）	支持企业在海外进行融资并购、绿地投资、技术合作，促进企业海外股权投资和创业投资发展，构建全球性的资源供应保障、研发、生产和经营生态体系。加快建立湖北"一带一路"基金，支持我省优势制造业企业在境外开展并购和股权投资、创业投资，扩大资源性产品和先进技术设备、关键零部件进口，提升企业技术、研发、品牌的国际化水平。
关于运用大数据加强对市场主体服务和监管的实施意见（201512）	支持鼓励省内有实力的信用服务机构参与国际合作，拓展国际市场，为我省企业实施海外并购、国际招投标等提供服务。
关于加快服务业发展的若干意见（201501）	创新体制机制，鼓励有实力的企业赴境外战略性投资，开展海外并购和重组，设立海外研发中心、国际营销网络，参与全球竞争。
关于印发湖北省集成电路产业发展行动方案的通知（201409）	支持企业通过并购或入股国内外企业等方式，获取技术来源。

由表2-4可知，各法规对湖北企业跨境并购（境外投资、海外并购、跨境并购、对外并购）相关条款的表述主要涉及四个方面：（1）支持湖北优势制造业企业开展境外并购和股权投资，扩大资源性产品和先进技术设备、关键零部件进口，从而提升湖北企业的技术、研发和品牌的国际化水平；（2）鼓励湖北有实力的信用服务机构通过参与国际合作和拓展国际市场，为湖北企业实施海外并购提供服务；（3）鼓励有实力的湖北企业赴境外战略性投资，开展海外并购和重组，设立海外研发中心、国际营销网络，参与全球竞争；（4）支持湖北企业通过并购或入股国外企业，获取技术来源。

通过对上述关于湖北企业跨境并购相关条款内容表述的比较可以发现，这些法规主要强调，要鼓励有实力的湖北企业（国有企业）通过开展跨境并购（境外投资、海外并购、跨境并购与对外并购），获取技术来源，提升技术、研发和品牌的国际化水平,从而更好地参与全球竞争。

(二) 湖北国有企业跨境并购相关法规评价

湖北国有企业跨境并购相关法规的实施对推动湖北国有企业(包括湖北境内的央企)"走出去"具有一定推动作用。截至2019年底,按照公司注册地标准,湖北境内进行境外并购的非上市国有企业数量不多,代表性企业主要有:宜昌交通旅游产业发展集团有限公司(简称"交旅集团")、湖北福汉木业(集团)发展有限责任公司(简称"福汉木业")和湖北清能投资发展集团有限公司(简称"清能集团")3家样本公司;湖北境内进行跨境并购的上市国有企业数量也不多,代表性企业主要有:安道麦股份有限公司(股票代码:000553,简称:安道麦A,曾用名:沙隆达A)、武汉光迅科技股份有限公司(股票代码:002281,简称:光迅科技)和襄阳汽车轴承股份有限公司(股票代码:000678,简称:襄阳轴承;其发生跨境并购时仍是湖北地方国有企业[①]),而湖北境内截至2019年底共有上市国有企业36家(见Wind资讯数据库),省国资委出资的非上市国有企业共24家。[②] 据此计算,湖北省通过跨境并购"走出去"的上市国有企业占比为8.3%,非上市国有企业占比为12.5%。由此可见,湖北国有企业跨境并购相关法规对推动湖北国有企业"走出去"虽然具有一定作用,但作用还非常有限。因此,对于肩负"一带一路"、长江经济带、湖北自贸区和中部崛起等国家发展战略实施的湖北国有企业而言,其"走出去"的力度还远远不够。湖北省政府还应进一步出台鼓励国有企业实施跨境并购的相关文件法规,以此为湖北国有企业能够更好地"走出去"保驾护航。

[①] 湖北首例省属国企海外并购观察之一——人民电视——人民网(http://tv.people.com.cnl)。
[②] 湖北省人民政府国有企业监督管理委员会网站(http://gzw.hubei.gov.cn/)。

第三章

湖北国有企业及跨境并购现状分析

在"一带一路"倡议实施背景下,通过跨境并购"走出去"已成为不少国有企业的重要战略选择。究竟有多少肩负着湖北国民经济发展重任的国有企业,在实施"走出去"战略过程中,通过跨境并购扬帆出海、走出国门?这些企业有何特征?这正是本章需要全面准确回答的问题。为客观、准确回答这些问题,课题组成员通过对部分非上市国有企业和湖北省国资委进行实地调查和访谈,以及 Wind 金融终端数据库收集整理湖北非上市和上市国有企业相关资料,然后分别从湖北国有企业现状及湖北国有企业跨境并购现状两个方面进行分析。

一、湖北国有企业现状

按照企业是否上市的分类标志将国有企业分为上市国有企业和非上市国有企业两大类,下面分别从上市国有企业和非上市国有企业两类对湖北国有企业现状展开分析。

(一) 湖北上市国有企业现状分析

截至 2020 年 4 月底,按照公司注册地址所属省、自治区和直辖市标准,通过 Wind 金融终端数据库搜索发现,沪深两市共有 108 家湖北省 A 股上市公司，其中，国有企业上市公司有 36 家。为更好地了解湖北国有企业 A 股上市公司状况，下面将分别从所属区域、行业分布、实际控制人性质以及所属证券市场等四个维度对其进行全面分析。

1. 区域分布情况分析

区域标准是按照上市公司注册地址所属城市进行分类整理的，湖北上市国有企业的区域分布情况详见表 3-1。

表 3-1　　　　　　　　湖北上市国有企业区域分布情况表

区域	数量	占比
武汉市	23	64%
宜昌市	5	13%
襄阳市	3	8%
荆州市	1	3%
荆门市	1	3%
黄石市	1	3%
武穴市	1	3%
应城市	1	3%
合计	36	100%

由表 3-1 可见，总体上看，湖北上市国有企业的区域分布极不均衡，武汉市"一市独大"，拥有 23 家，占比高达 64%，两个副省级城市宜昌市和襄阳市分别拥有 5 家和 3 家，占比分别为 13% 和 8%。荆州、荆门、黄石、武穴和应城 5 个地级和县级市各有 1 家，占比仅 3%。

按照行政区域划分，湖北省共包括武汉市、襄阳市、宜昌市、黄石市、十堰市、荆州市、荆门市、鄂州市、孝感市、黄冈市、咸宁市、随州市、仙桃市、天门市、潜江市、恩施州和神农架林区 17 个市、州和林区。把应城市归属于孝感市、武穴市归属于黄冈市之后，再看表 3-1 数据，就不难发现湖北上市国有企业所属区域涉及的城市只有 8 个，还有十堰市、鄂州市、咸宁市、随州市、仙桃市、天门市、潜江市、恩施州和神农架林区 9 个市、州和林区根本就没有上市国有企业。由此可见，上市国有企业在湖北境内的区域分布极为不均衡。虽然各种历史客观因素是造成这种区域分布失衡的主要原因,但这种失衡分布状态对湖北社会经济发展是极为不利的,也是未来需要通过政策倾斜来加以改善的。

2. 行业分布情况分析

按照我国证监会(CSRC)制定的行业分类办法《上市公司行业分类指引》(2012修订版),将湖北上市国有企业进行分类,行业分布情况详见表3-2。

表3-2　　　　　　　　湖北上市国有企业行业分布情况表

行业	数量	占比
制造业	22	60%
电力、热力、燃气及水生产和供应业	3	8%
建筑业	3	8%
批发和零售业	2	6%
交通运输、仓储和邮政业	2	6%
文化、体育和娱乐业	2	6%
房地产业	1	3%
水利、环境和公共设施管理业	1	3%
合计	36	100%

由表3-2可见,总体上看,湖北上市国有企业的行业分布失衡明显,制造业"独领风骚",有22家,占比高达60%。电力、热力、燃气及水生产和供应业以及建筑业分别有3家,占比各为8%。批发和零售业、交通运输仓储和邮政业以及文化、体育和娱乐业三个行业分别有2家,占比各为6%。房地产业和水利、环境和公共设施管理业两个行业各有1家,占比仅3%。

《上市公司行业分类指引》(2012年修订版)共把我国上市公司分为制造业、建筑业、房地产业以及综合类等19个大类行业(含餐饮业、互联网和相关服务、商务服务业以及资本市场服务等90个小类行业)。结合《上市公司行业分类指引》可见,湖北上市国有企业仅涉及制造业、电力热力燃气及水生产和供应业以及建筑业等8大行业,还有11大行业并无涉及。由此可见,湖北上市国有企业的行业分布失衡明显。为使湖北的经济发展未来更加健康,还需要结合湖北实际和未来发展需要,适当增加科学研究和技术服务业、信息传输、软件和信息技术服务业以及租赁和商务服务业等行业的国有企业，进一步调整行业分布结构。

3. 实际控制人性质情况分析

按照企业实际控制人性质可以将上市国有企业分为：地方国有企业（属于地方国有资产监督管理委员会运营管理）和中央国有企业（属于国务院国有资产监督管理委员会运营管理）两大类，湖北上市国有企业的性质情况详见表3-3。

表3-3　　　　　湖北上市国有企业实际控制人性质情况表

实际控制人性质	数量	占比
地方国有企业	16	44%
中央国有企业	20	56%
合计	36	100%

由表3-3可见，湖北上市国有企业中有中央国有企业20家，占比56%，地方国有企业16家，占比44%。总体来看，地方国有企业和中央国有企业数量大致均衡，各占半壁江山。这种分布局面主要是由历史因素形成了，未来湖北可以充分利用其独特的地理位置优势，进一步争取国家政策支持和优化营商环境，吸引更多的中央国有企业落户湖北，以带动湖北经济社会发展。

4. 所在证券市场分布情况分析

我国境内A股证券市场主要包括：沪市主板、科创板、深市主板、中小板和创业板等五个市场。湖北上市国有企业的证券市场分布情况详见表3-4。

表3-4　　　　　湖北上市国有企业证券市场分布情况表

证券市场	数量	占比
深市主板	13	36%
沪市主板	13	36%
中小板	5	14%
创业板	5	14%
合计	36	100%

由表 3-4 可见，在沪市主板和深市主板的湖北上市国有企业各有 13 家，占比均为 36%，在中小板和创业板的湖北上市国有企业各有 5 家，占比均为 14%，而无科创板上市国有企业。总体上看，湖北上市国有企业大部分集中在主板市场（26 家），占比 72%，在中小板和创业板上市的企业相对较少（10 家），占比为 28%，科创板上市的国有企业为空白。因此，未来湖北要充分依托"一芯两带三区"资源和教育大省优势，让更多的科技创新型企业亮相中小板和创业板市场，尤其是科创板市场。

（二）湖北非上市国有企业现状分析

由于湖北非上市国有企业数量众多，且公司之间相互交叉持股和控股情况大量存在，很难准确统计其数量。因此，本章分析的湖北非上市国有企业仅指由"湖北省人民政府国有资产监督管理委员会"出资控股的企业。截至 2020 年 4 月底，通过浏览湖北省人民政府国有资产监督管理委员会（http：//gzw. hubei. gov. cn/）门户网站发现，由湖北省人民政府出资控股的企业共有 26 家，其中，湖北能源集团股份有限公司（代码：000883）和长江证券股份有限公司（代码：000783）为上市公司，剔除两家上市公司后还有 24 家。为深入了解湖北非上市国有企业状况，下面将从所属区域、行业分布以及成立时间分布时段三个维度对其进行全面分析。

1. 所属区域分布情况分析

区域标准是按照公司注册地址所属城市进行确定，湖北非上市国有企业的区域分布情况详见表 3-5。

表 3-5　　　　湖北非上市国有企业所属区域分布情况表

区域	数量	占比
武汉市	22	92%
鄂州市	1	4%
黄冈市	1	4%
合计	24	100%

由表3-5可见，总体上看，湖北非上市国有企业的区域分布极度不均衡，武汉市"独占鳌头"，拥有22家，占比高达92%，鄂州和黄冈两市各有1家，占比分别仅4%，而其他14个市、州和林区则均无非上市国有企业。为使湖北各市、州和林区国有经济协同发展，湖北省人民政府应结合实际适度增加对除武汉市以外区域企业的出资。

2. 所属行业分布情况分析

首先利用天眼查（https：//www.tianyancha.com）APP逐个查询24家湖北非上市国有企业的工商登记信息，然后把其行业信息和《上市公司行业分类指引》（2012修订版）的行业分类标准相比对，最后确定其所属行业。湖北非上市国有企业行业分布情况详见表3-6。

表3-6　　　　　湖北非上市国有企业行业分布情况表

行业	数量	占比
租赁和商务服务业	11	46%
金融业	5	21%
交通运输、仓储和邮政业	3	13%
建筑业	2	8%
批发和零售业	1	4%
采矿业	1	4%
科学研究和技术服务业	1	4%
合计	24	100%

由表3-6可见，总体上看，湖北非上市国有企业的行业分布略有失衡，租赁和商务服务业优势明显，有11家，占比高达46%，金融业有5家，占比为21%，交通运输、仓储和邮政业有3家，占比为13%，建筑业有2家，占比为8%，批发和零售业、采矿业以及科学研究和技术服务业各1家，占比均为4%。另外，由表3-6还可看出，湖北非上市国有企业仅涉及金融业、建筑业、采矿业以及租赁和商务服务业等7大行业，还有诸如房地产业、制造业以及水利、环境和公共设施管理业等12个大行业均未涉及。因此，为使湖北未来社会经济发展更加健康，湖北省政府还需要结合湖北实际和未来发展需要，进一步调整湖北非上市国有企业的行业分布结构，适当增

加对房地产业、制造业以及水利、环境和公共设施管理业等行业企业的出资，以填补在这些行业的出资空白。

3. 成立时间分布时段情况分析

按照不同时间段标准和企业成立时间分布时段，湖北非上市国有企业成立时间时段分布情况详见表3-7。

表3-7　　　湖北非上市国有企业成立时间时段分布情况表

成立时间时段	数量	占比
2000年及以前	4	17%
2001~2010年	11	46%
2011~2020年	9	37%
合计	24	100%

由表3-7可见，湖北非上市国有企业的成立时间时段分布略有差异，2000年及以前成立的企业有4家，占比为17%，2001~2010年成立的企业有11家，占比为46%，2011~2020年成立的企业有9家，占比为37%。据此可知，湖北在2000年及以前，成立的非上市国有企业数量较少（4家），在2001~2010年十年间成立的非上市国有企业数量明显比前一阶段增多（11家，比前一阶段增加了7家），主要原因是这个阶段湖北省人民政府高度重视和支持非上市国有企业的发展，通过兼并重组产生了一批企业。而在2011~2020年近十年间比上个十年成立的非上市国有企业数量又有所减少（减少2家），说明湖北省人民政府对国有企业发展的关注更多在于质量而不是数量，更加重视国有企业的内涵发展。

二、湖北国有企业的跨境并购现状

究竟有多少肩负着湖北国民经济发展重任的国有企业，在实施"走出去"战略过程中，通过跨境并购扬帆出海、走出国门？这些国有企业有何特征？下面分别从湖北上市国有企业和非上市国有企业两个角度对其进行分析。

（一）湖北上市国有企业跨境并购现状分析

为更好地了解湖北 A 股上市国有企业跨境并购状况，下面将分别从所属区域、实际控制人性质以及并购类型三个维度对其进行详细分析。

1. 样本公司的确定

以收购方为国有企业和注册地址为湖北省为检索标准，通过对 Wind 资讯海外并购数据库进行搜索发现，在 2007~2016 年沪深两市仅有 3 家 A 股上市公司实施了跨境并购，它们分别是沙隆达 A（股票代码：000553）、光迅科技（股票代码：002281）和襄阳轴承（股票代码：000678）。

2. 区域分布情况分析

区域是按上市公司注册地址所属城市进行整理的，湖北跨境并购上市国有企业的区域分布情况详见表 3-8。

表 3-8　　　湖北跨境并购上市国有企业区域分布情况表

区域	数量	占比
武汉市	1	33.33%
襄阳市	1	33.33%
荆州市	1	33.33%
合计	3	100%

由表 3-8 可见，湖北实施跨境并购的上市国有企业主要分布在武汉市、荆州市和襄阳市三地，每市各有 1 家，分别占比为 33.33%。而由前文可知湖北上市国有企业的区域分布涉及武汉、襄阳和宜昌等 8 个城市，由此可见，还有宜昌、荆门、黄石、黄冈和孝感 5 个城市的上市国有企业并未发生跨境并购。

3. 实际控制人性质情况分析

按照企业最终实际控制人性质可以将跨境并购上市国有企业分为：地方

国有企业和中央国有企业两大类，湖北实施跨境并购的上市国有企业性质情况详见表3-9。

表3-9　湖北跨境并购上市国有企业实际控制人性质情况表

实际控制人性质	数量	占比
地方国有企业	1	33.33%
中央国有企业	2	66.67%
合计	3	100%

由表3-9可知，湖北跨境并购上市国有企业中有中央国有企业2家，占比66.67%，地方国有企业1家，占比33.33%，两者数量之比为2∶1。而由前文可知湖北上市国有企业中有中央国有企业20家，地方国有企业16家，两者之比为1.25∶1，由此可见，在湖北上市国有企业中，中央国有企业实施跨境并购的比例要比地方国有企业实施跨境并购的比例高，这也说明湖北境内央企"走出去"的力度要比地方国企力度要大。

4. 并购类型情况分析

按照主并企业和目标企业（被并企业）所处行业之间的关系，可将并购分为横向并购（主并企业和目标企业所处行业相同或者相近）、纵向并购（主并企业和目标企业所处行业是上下游关系）和混合并购（主并企业和目标企业所处行业完全不同），湖北实施跨境并购上市国有企业并购类型情况详见表3-10。

表3-10　湖北跨境并购上市国有企业并购类型情况表

并购类型	数量	占比
横向并购	3	100%
纵向并购	0	0
混合并购	0	0
合计	3	100%

由表3-10可见，湖北实施跨境并购上市国有企业并购类型结构分布较为单一，3家跨境并购企业全部为横向并购，未发生纵向并购和混合并购。

由此表明湖北上市国有企业进行跨境并购的主要目的就是扩大生产规模、扩大海外销售市场和寻求海外同行企业技术支持。其跨境并购的目的是否实现,下文将采取案例形式对其详细分析与评估。

(二) 湖北非上市国有企业跨境并购现状分析

为更好地了解湖北实施跨境并购的非上市国有企业状况,下面将分别从所属区域、所属行业以及并购类型三个维度对其进行详细分析。

1. 样本公司的确定

通过以"湖北国有企业跨境并购"为题在百度搜索引擎上进行搜索,并结合到湖北省人民政府国有资产监督管理委员会进行座谈,了解的关于"湖北国有企业跨境并购"相关信息,本研究确定了宜昌交通旅游产业发展集团有限公司(简称"交旅集团")、湖北福汉木业(集团)发展有限责任公司(简称"福汉木业")和湖北清能投资发展集团有限公司(简称"清能集团")3家样本公司。

2. 区域分布情况分析

根据企业工商登记信息中企业注册地址所属城市信息,上述3家湖北实施跨境并购的非上市国有企业区域分布情况详见表3-11。

表3-11　　湖北跨境并购非上市国有企业区域分布情况表

区域	数量	占比
武汉市	2	66.67%
宜昌市	1	33.33%
合计	3	100%

由表3-11可见,湖北实施跨境并购的非上市国有企业主要分布在武汉市和宜昌市两地,武汉市2家,占比为66.67%,宜昌市1家,占比为33.33%。由前文相关分析可知湖北24家非上市国有企业的区域分布主要集中在武汉市(22家),武汉市外仅有2家(鄂州市和黄冈市各有1家),据

此情况,湖北实施跨境并购的非上市国有企业区域如此分布也就不难理解。

3. 所属行业分布情况分析

首先利用天眼查 APP 逐个查询 3 家湖北跨境并购非上市国有企业的工商登记信息,然后把其行业信息和《上市公司行业分类指引》(2012 修订版)的行业分类标准相比对,最后确定其所属行业。宜昌交通旅游产业发展集团有限公司为资本市场服务行业,而资本市场服务行业又属于金融业。湖北清能投资发展集团有限公司(简称"清能集团")属于其他金融业。湖北福汉木业(集团)发展有限责任公司(简称"福汉木业")为木业,木业属于农、林、牧、渔业。湖北实施跨境并购的非上市国有企业行业分布情况详见表 3-12。

表 3-12　　　湖北跨境并购非上市国有企业行业分布情况表

行业	数量	占比
金融业	2	66.67%
农、林、牧、渔业	1	33.33%
合计	3	100%

由表 3-12 可见,总体上看,湖北实施跨境并购非上市国有企业的行业主要分布金融业和农、林、牧、渔业两个行业,金融业有 2 家,占比为 66.67%,农、林、牧、渔业有 1 家,占比为 33.33%,其他行业无跨境并购发生。而由前文相关分析可知湖北非上市国有企业仅涉及金融业、建筑业、采矿业以及租赁和商务服务业等 7 大行业,其中,主要集中在租赁和商务服务业(11 家,占比 46%)、金融业(5 家,占比 21%)以及交通运输、仓储和邮政业(3 家,占比 13%)三个行业。通过两者数据比较可见,占比最高的租赁和商务服务业非上市国有企业没有发生跨境并购有些异常,对于排在占比第二位的金融业发生了较高比例的跨境并购就较容易理解。

4. 并购类型情况分析

通过对交旅集团、福汉木业和清能集团 3 家样本公司的相关跨境并购案例信息进行详细梳理,按照横向并购、纵向并购和混合并购的划分标准,湖北非上市国有企业跨境并购的并购类型情况详见表 3-13。

表 3-13　　湖北跨境并购非上市国有企业并购类型情况表

并购类型	数量	占比
横向并购	2	66.67%
纵向并购	1	33.33%
混合并购	0	0
合计	3	100%

由表 3-13 可见，湖北非上市国有企业跨境并购的并购类型结构较为单一，2 家横向并购，占比为 66.67%，1 家纵向并购，占比为 33.33%，未发生混合并购。此表明，湖北非上市国有企业进行跨境并购的主要目的是为了扩大生产规模、扩大海外销售市场和寻求境外同行企业技术支持（横向并购），当然也有部分企业是为了控制上游产品原材料从而降低生产成本（纵向并购）。非上市国有企业跨境并购的目的究竟是否达到，下文将以案例分析的形式对其详细分析与评估。

三、研究结论

通过从湖北国有企业和湖北国有企业跨境并购两个方面对湖北国有企业及跨境并购现状进行全面比较分析，主要研究结论如下：

（一）湖北上市国有企业现状特征

湖北上市国有企业主要特征有四点：第一，从企业区域分布情况的分析结果看，湖北上市国有企业的区域分布极不均衡，武汉市"一市独大"（23 家，占比 64%），宜昌和襄阳两个副省级城市分别占 13% 和 8%，荆州、荆门、黄石、武穴和应城等 5 个地县级城市各占 3%。湖北上市国有企业分布区域仅涉及 8 个城市，还有 9 个市、州和林区无涉及。第二，从企业行业分布情况的分析结果看，湖北上市国有企业的行业分布失衡明显，制造业"独领风骚"（22家，占比60%），电力、热力、燃气及水生产和供应业以及建筑业两个行业分别占比8%，批发和零售业、交通运输仓储和邮政业以及文化、体育和娱乐业等三个行业分别占比6%，房地产业以及水利、环境和公共设施管理业两个行业分别占比3%。湖北上市国有企业仅涉及8大行业，还有11大行业并无涉及。第三，从企业实际控制人性质情况的分析结果看，湖北上市国有企业中地方国有企业和中央国有企业数量大致均衡，两者几乎平分秋色，中央国有企业20家，占比56%，地方国有企业16家，占比44%。第四，从企业所属证券市场板块情况的分析结果看，在沪市主板和深市主板上市的湖北国有企业各13家，占比分别为36%，在中小板和创业板上市的湖北国有企业各5家，占比分别为14%，无湖北国有企业在科创板上市。湖北国有企业大部分集中在主板市场上市（26家，占比72%），小部分在中小板和创业板上市（10家，占比28%），科创板上市的企业为空白。

（二）湖北非上市国有企业现状特征

湖北非上市国有企业主要特征有三点：第一，从企业所属区域情况的分析结果看，湖北非上市国有企业的区域分布严重失衡，武汉市"独占鳌头"（22家，占比高达92%），鄂州和黄冈两市各1家（占比分别为4%），而其他14个市、州和林区则均无非上市国有企业。第二，从企业所属行业情况的分析结果看，湖北非上市国有企业的行业分布略有失衡，租赁和商务服务业优势明显（11家，占比46%），金融业5家，占比21%，交通运输、仓储和邮政业3家，占比13%，建筑业2家，占比8%，批发和零售业、采矿业以及科学研究和技术服务业各1家，占比均为4%。湖北非上市国有企业仅涉及金融业、建筑业以及采矿业等7大行业，在房地产业、制造业以及水利、环境和公共设施管理业等12个大行业均未涉及。第三，从企业成立时间时段分布情况的分析结果看，湖北非上市国有企业成立时间的时段分布略有差异，2000年及以前时段成立的企业有4家，占比为17%，2001~2010年（共10年）时段成立的企业有11家，占比为46%，2011~2020年（近10年）成立的企业有9家，占比为37%。湖北在2000年及以前时段成立的非上市国有企业数量较少，在2001~2010年（共10年）时段成立的非上市国有企业数量明显比前一阶段增多（增加7家），在2011～2020年（近10年）时段比上个十年成立的非上市国有企业数量又有所减少（减少2家）。

（三）湖北上市国有企业跨境并购行为特征

湖北上市国有企业跨境并购行为特征主要有三点：第一，从并购企业所属区域分布的分析结果看，实施跨境并购的上市国有企业主要分布在武汉市、荆州市和襄阳市三地，每市各有1家，分别占比为33.33%。另有宜昌、荆门、黄石、黄冈和孝感5个城市的上市国有企业并未发生跨境并购。第二，从并购企业的实际控制人性质情况分析结果看，实施跨境并购的上市国有企业主要为中央国有企业（2家，占比66.67%），地方国有企业仅1家（占比33.33%），两者数量之比为2∶1。湖北上市中央国有企业实施跨境并购的比例要比地方国有企业实施跨境并购的比例高，此表明湖北境内央企"走出去"的力度要比地方国企力度大。第三，从企业并购类型的分布结果看，实施跨境并购的上市国有企业并购类型结构分布较为单一，3家跨境并购企业均为横向并购，未发生纵向并购和混合并购。此表明湖北上市国有企业进行跨境并购的主要目的就是为了扩大生产规模、扩大海外销售市场和寻求海外同行企业技术支持。

（四）湖北非上市国有企业跨境并购行为特征

湖北非上市国有企业跨境并购行为特征主要有三点：第一，从并购企业所属区域的分布情况分析结果看，湖北实施跨境并购的非上市国有企业主要分布在武汉市和宜昌市两地，武汉市2家，占比为66.67%，宜昌市1家，占比为33.33%。第二，从并购企业所属行业的情况分析结果看，湖北实施跨境并购的非上市国有企业的行业主要分布金融业和农、林、牧、渔业两个行业，金融业有2家，占比为66.67%，农、林、牧、渔业有1家，占比为33.33%，其他行业无跨境并购发生。占比最高的租赁和商务服务业的非上市国有企业没有发生跨境并购，占比排第二位的金融业的非上市国有企业发生了较高比例的跨境并购。第三，从并购类型的情况分析结果看，湖北非上市国有企业跨境并购的并购类型结构单一，2家横向并购，占比为66.67%，1家纵向并购，占比为33.33%，未发生混合并购。结果表明，大部分湖北非上市国有企业进行跨境并购的目的是扩大企业生产规模、扩大产品海外销售市场和寻求境外同行企业技术支持，也有部分企业是为了控制上游产品原材料从而降低生产成本。

| 第四章 |

湖北上市国有企业跨境并购案例分析之一：沙隆达A并购以色列ADAMA公司

湖北沙隆达股份有限公司（公司简称：沙隆达A；股票代码：000553）为获取先进生产技术、拓展海外销售渠道、注入先进管理理念和超前环保意识，从而增强研发能力、增加海外收入、降低管理成本和履行好社会责任，提高公司核心竞争力，于2016年9月13日对外发布收购以色列ADAMA公司100%的公告，并于2017年6月正式完成了该并购。预期并购完成后，公司资产规模将大幅增厚，盈利水平亦将大幅提升。广大投资者对公司此次收购外资公司ADAMA持何种态度？公司收购外资公司ADAMA目的是否达到？对公司业绩究竟产生了怎样影响？本章将通过事件研究法和财务指标以及非财务指标法对其进行全面分析，以期能准确回答上述问题。

一、并购双方概况

（一）并购方概况

1992年9月30日，湖北沙隆达股份有限公司（位于湖北省荆州市）是由沙市农药厂改建而成，沙市农药厂始建于1958年。1993年12月3日，公司股票在深圳证券交易所上市（公司简称：沙隆达A；股票代码：000553），实际控制人为荆沙市国资局。1996年，荆沙市国资局设立沙隆达集团公司，并将其持有的本公司股权转让给沙隆达集团公司。至此，沙隆达集团公司成为公司第一大股东为，持股比例为44.66%，实际控制人未变。1997年公司发行境内上市外资股（B股）于1997年5月15日在深圳证券交易所挂牌上市，沙隆达集团公司仍为第一大股东，持股比例变为27.52%，实际控制人未变。2005年5月20日，荆州市国有资产监督管理委员会与中国农化签署了《沙隆达集团公司资产转让协议书》，转让完成后，沙隆达集团公司成为中国农化的全资子公司，沙隆达控股持有沙隆达A股份比例为20.15%，实际控制人变更为国务院国有资产监督管理委员会。

沙隆达A主营业务是农药、化工产品及化工机械设备的制造和销售，农药、化工产品及中间体、化工机械设备及备件的进出口贸易等。沙隆达A是一家以盐化工为基础、农用化工为主体、精细化工为特色的大型化工企业，拥有"国家级企业技术中心"和"微生物农药国家工程研究中心验证基地"。

（二）目标方概况

以色列ADAMA AGRICULTURAL SOLUTIONS公司（以下简称ADAMA公司）由两家老牌以色列化工公司Makhteshim Chemical Works Ltd.（成立于1954年）、Agan Chemical Manufacturers Ltd.（创建于1952年）在1997年12月8日合并而成。1998年，ADAMA公司在以色列特拉维夫证券交易所首次公开发行并上市。2011年10月，中国农化通过其下属公司农化新加坡收购ADAMA公司发行在外的60%普通股股份，其中大约53%的股份从公众投资者收购，7%的股份从KOOR收购，对ADAMA实施私有化，KOOR仍持有剩余的40%普通股股份。ADAMA从以色列特拉维夫证券交易所退市。2016年7月22日，中国农化全资子公司农化新加坡与KOOR签署《股权转让协议》，KOOR将持有ADAMA公司40%的股权转让给农化新加坡。2016年7月29日，农化新加坡与中国农化签署《股权转让协议》，农化新加坡将持有的ADAMA100%的股权转让给中国农化。至此，ADAMA公司就成了中国农化全资子公司。随后，2016年9月13日，中国农化就让其间接控股公司沙隆达A整合了ADAMA公司。

ADAMA 公司主要从事农化产品的开发、生产和销售,在非专利类农作物保护方面居全球领先地位。其产品供应广泛,涉及农业领域中各个不同地域及作物类型,拥有高品质、高效的除草剂、杀虫剂和杀菌剂等 1600 多种非专利产品。另外,其还具有直接覆盖全球各终端市场的销售网络、本土化产品研发能力、在全球 100 多个国家拥有专业产品注册登记实力,这种布局全球、涵盖研发、注册登记、生产加工及销售能力的垂直整合业务模式为其提供了明显竞争优势。尤其是垂直一体化运营模式,能够使其在从市场营销、销售和分销到产品研发、注册登记、生产和采购等整个价值链中具有巨大影响力。

二、并购动因分析

(一) 政府政策激励

2015 年 8 月,为持续推进国有企业改革,做大做强做优国有企业,中共中央、国务院专门印发了《关于深化国有企业改革的指导意见》。在此背景下,沙隆达 A 作为我国农药化工类国有企业,身上肩负着国家发展重任,应当响应国家号召,积极践行国有企业改革。该并购完成后,沙隆达 A 将成为全球第七大农药化工类上市公司,不仅能够快速增强国有资本在国际农化行业的话语权,而且还能借助资本市场实现农化业务的整体上市,并有效推进国有企业的股权多元化改革,完善现代企业制度,从而实现国有资产的保值增值。

(二) 获取先进技术

ADAMA 公司拥有多项合成专有技术,先进环保处理技术,30 多项专利族和 4800 多个产品注册登记。其节能减排和三废处理技术处于国际领先地位,环保处理水平达到最高环保标准,且产品定位于安全、低毒、低残留的品种。而我国农药产品生产技术壁垒较低,技术研发相对落后,依靠对落后的非专利品种的大规模投入，产能严重过剩，在日趋严格的环境保护政策和节能减排要求下，国内农药产品生产企业面临较大转型压力。

沙隆达 A 通过并购 ADAMA 公司拥有其 100% 股权，能够有效获取其先进技术，进而推动我国农药化工行业企业的技术进步和产业升级。ADAMA 公司的新型环保制剂及先进的环保处理措施，对提升我国农药化工行业的生产、加工及服务水平，从而生产使用高效、低毒、低残留的环境友好型农药，保证国家食品安全具有重要意义。

（三）发挥协同效应

从沙隆达 A 公司角度看，ADAMA 公司拥有先进的生产技术、广阔的海外渠道、现代的管理理念、超前的环保意识和研发水平，沙隆达 A 公司通过改良和借鉴，可以进一步改进生产技术、降低生产成本。还能够利用 ADAMA 公司完善的全球销售和营销网络，带动沙隆达 A 的产品在世界范围内销售，解决闲置产能问题，扩大产品销售。近年来，ADAMA 公司一直专注于在全球市场内对沙隆达 A 的产品进行注册，从而使得沙隆达 A 可以充分利用 ADAMA 公司的全球销售渠道，提高国际竞争力，显著提高出口收入。而从 ADAMA 公司的角度来看，ADAMA 公司可以利用沙隆达 A 在境内的销售网络拓展 ADAMA 公司的产品在境内销售，并运用沙隆达 A 在境内丰富的产品注册经验指导和加速 ADAMA 公司的产品在境内验证，提高国内产品销量。

整合后的沙隆达 A 将与 ADAMA 公司产生境内外协同效应。一方面可以整合国内外农药化工类公司资产、避免同业竞争和充分保护投资者利益；另一方面可以促使沙隆达 A 企业的整体转变，包括企业定位、核心竞争力、产品供应以及销售方式，这些转变对沙隆达 A 公司的未来发展至关重要。

三、并购过程回顾

根据 Phillips McDougall（2015 市场产业概览）统计，世界上农化市场被先正达、巴斯夫和拜耳等六家国外跨国公司垄断，而我国农药化工行业目前处于落后局面。当国家的农业生产和粮食安全受制于人时，将存在较大安全隐患。因此，我国农药化工企业急需尽快形成在国内外有较强影响力、带动力和竞争力的国家队，打破国际垄断，以维护我国农业生产和粮食安全。推进我国农化产业结构调整和产品升级，培育研发创新能力和自主知识产权任务紧迫。

2011 年 10 月，中国农化收购 ADAMA 公司 60% 股份后，开始逐步整合旗下的农药业务资产，并且谋求 ADAMA 公司与沙隆达 A 之间的业务整合。

2013 年 10 月，ADAMA 公司全资下属公司 Celsius 发出对沙隆达 A 的 B 股股票实施部分要约收购，以进一步增强中国农化对沙隆达 A 的控制权。通过该项要约收购，ADAMA 公司加强了与沙隆达 A 之间的业务协同，有利于加强 ADAMA 公司在我国的业务拓展及沙隆达 A 的海外业务开拓，促进我国农化旗下农药业务的规模化。

2014 年 9 月 30 日，沙隆达 A 与 ADAMA 公司签署了合作框架协议，约定双方将深化开展全球市场分销合作及国内制剂市场合作。双方共同尽最大努力让 ADAMA 公司逐步增加沙隆达 A 已有和新增产品的分销量。采购协议期和国际分销协议满后，在登记等条件具备的前提下，沙隆达 A 和 ADAMA 公司相互成为首选合作伙伴。ADAMA 公司和沙隆达 A 致力于在我国国内市场建立战略合作伙伴关系，双方共同探讨成立销售平台。双方还就共同研发改进生产工艺开展技术合作。该项战略合作协议的签署，将有利于沙隆达 A 进一步拓展国外市场销售业务，降低公司生产成本，中国农化旗下农药业务资产的整合重要举措。

2015 年 12 月沙隆达 A 与 ADAMA 公司全资子公司安道麦北京签订协议，沙隆达 A 的销售和营销团队整合至安道麦北京。同时，将沙隆达 A 的制剂产品交由安道麦北京作为中国区的独家经销。随着上述协同合作的深化，沙隆达 A 将逐步增加与 ADAMA 公司之间的关联交易；同时，虽然由于主要销售区域的不同，沙隆达 A 与 ADAMA 公司之间目前并不存在实质性同业竞争，但随着业务合作的开展，ADAMA 公司将逐步增加在国内的农药业务范围，未来有可能增加潜在的同业竞争。

2016 年 7 月 22 日，农化新加坡与 KOOR 签署《股权转让协议》，KOOR

将持有的 ADAMA 公司 40% 的股权转让给农化新加坡。

2016 年 7 月 29 日,农化新加坡与中国农化签署《股权转让协议》,农化新加坡将持有的 ADAMA 公司 100% 的股权转让给中国农化。

2016 年 9 月 13 日,沙隆达 A 拟向中国农化发行股份购买其持有的 ADAMA 公司的 100% 股权。该交易完成后,ADAMA 公司成为沙隆达 A 的全资下属公司。

2017 年 6 月 1 日,沙隆达 A 并购 ADAMA 公司方案获得证监会无条件通过。

四、并购效果评价

沙隆达 A 并购 ADAMA 公司之后,短期内对其股价会产生怎样影响?长期内对其绩效产生了怎样影响?下面分别从短期绩效和长期绩效两个方面对其展开分析。

(一)短期绩效分析

运用事件研究法,利用 Excel 计算沙隆达 A 并购 ADAMA 公司窗口期 [-10,15] 内每天的超出收益率 AR,具体数据详见表 4-1。整个窗口期和不同子窗口的 CAR 以及利用 SPSS 软件对其进行异于 0 的单样本 T 检验,结果详见表 4-2。另外,图 4-1 也直观反映了沙隆达 A 在窗口期 [-10,15] 内 AR 和 CAR 的变化趋势。

表 4-1　　窗口期 [-10,15] 内每日的 AR 和 CAR 表

窗口期	AR	CAR
-10	-0.0204	-0.0204
-9	0.0431	0.0227
-8	-0.0026	0.0201
-7	0.0025	0.0226

续表

窗口期	AR	CAR
-6	-0.0519	-0.0293
-5	0.0008	-0.0285
-4	-0.0005	-0.0291
-3	-0.0197	-0.0488
-2	-0.0204	-0.0692
-1	0.0316	-0.0376
0	0.1160	0.0784
1	0.0851	0.1635
2	0.1071	0.2706
3	0.0992	0.3698
4	0.1067	0.4765
5	0.0219	0.4985
6	-0.0173	0.4812
7	0.0177	0.4989
8	-0.0343	0.4646
9	-0.0394	0.4252
10	0.0247	0.4499
11	0.0916	0.5415
12	-0.0054	0.5361
13	0.0706	0.6068
14	-0.0362	0.5706
15	-0.0109	0.5597

由表 4-1 可见，沙隆达 A 在窗口期内公告日前的 CAR 多数为负值，且走势较为平坦，公告日后每个交易日的 CAR 均为正值，且在第 13 个交易日达到最大（0.6068）。窗口期内 AR 在公告日当天达到最高（0.1160），公告日后超过半数交易日的 AR 为正值。

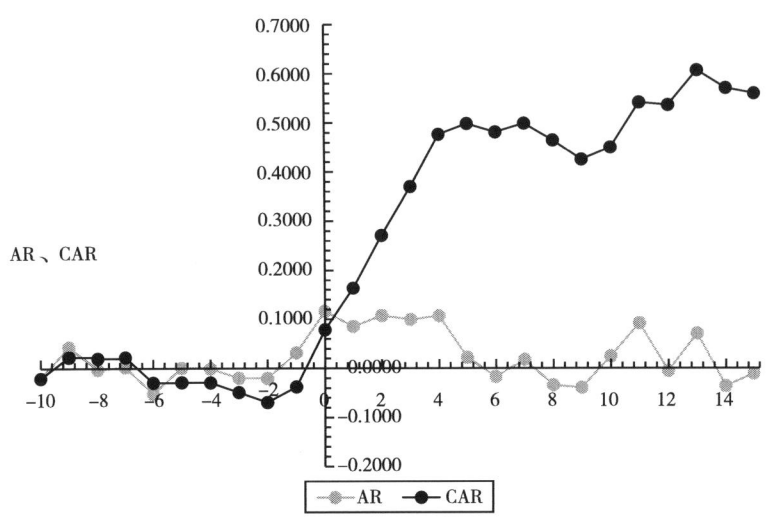

图4－1　沙隆达A窗口期内AR和CAR的变化趋势

另外，从表4－1和图4－1可以看出，沙隆达A在窗口期内公告日后AR正值天数（9天）多于负值天数（6天）、CAR在公告日后5个交易日内持续上升，达到0.4985。如此走势和表现的主要原因可能是：沙隆达A在其股票交易停牌期间的2016年9月13日宣布并购ADAMA公司，2016年10月15日又披露了补充后的《关于发行股份购买资产并募集配套资金暨关联交易预案》。此信息的发布向广大投资者传递公司要通过并购境外同行高质量企业，进一步提升核心竞争力的信号。基于信号传递理论和理性预期理论，广大投资者能够产生"并购后沙隆达A的绩效将显著提升"的理性预期，这种预期就会导致其继续持有或购买沙隆达A股票的行为发生。基于有效市场理论，在我国弱势有效证券市场中，继续持有或购买沙隆达A股票的行为就会导致沙隆达A股票价格的上升。

表4－2　不同子窗口的CAR及比较均值独立样本T检验结果表

项目	CAR	T值	P值
〔－10，0〕	0.0784	－0.852	0.414
〔－10，5〕	0.4985**	2.149	0.048
〔－10，10〕	0.4499***	3.778	0.001
〔－10，15〕	0.5597***	5.229	0.000

续表

项目	CAR	T值	P值
0	0.0784		
〔-5, 0〕	0.1077	0.325	0.758
〔-5, 5〕	0.5278**	2.698	0.022
〔-5, 10〕	0.4792***	4.722	0.000
〔-5, 15〕	0.5890***	6.566	0.000
〔0, 5〕	0.5360***	5.020	0.004
〔0, 10〕	0.4874***	9.513	0.000
〔0, 15〕	0.5973***	12.794	0.000

注：***、**和*分别代表在1%、5%和10%的水平上显著。

由表4-2可知，整个窗口期〔-10，15〕的CAR高达0.5597，且通过了统计上的显著性检验。所有子窗口期内的CAR均为正值，且在子窗口期〔0，15〕内CAR达到最大值（0.5973），半数以上的子窗口期内都通过了1%水平上的显著性检验。此结果表明，短期内广大投资者非常看好沙隆达A并购ADAMA公司的前景，对该起并购充满信心。

（二）长期绩效分析

本章依据申银万国二级行业分类标准（2014版），查找沙隆达A所在化学制品行业下的农药二级行业，选取了含红太阳（000525）、华邦健康（002004）和诺普信（002215）等在内的26家上市公司为同行业上市公司。通过Wind资讯数据库查找并导出这些上市公司2014~2018年的盈利能力、营运能力、偿债能力和发展能力的主要财务指标数据，计算26家同行业上市公司相应指标的均值，并把它与沙隆达A2014~2018年的相应指标进行横向与纵向比较。其中，均值计算及分析图表均用EXCEL完成。

1. 基于财务指标的长期绩效分析

下面运用财务指标分析法，分别从盈利能力、营运能力、偿债能力和发展能力四个方面，并从纵向和横向两个视角对沙隆达A自身（2014~2018年）以及和其同行业上市公司同期主要财务指标均值分别进行比较分析。

(1) 盈利能力分析

盈利能力是从收益角度评价企业在正常经营情况下的获利能力，常用衡量指标主要有销售毛利率、净资产收益率和市盈率等。沙隆达 A 并购 ADAMA 公司是为了快速获取技术、提高市场占有率和促进产品销售，为更加直观地反映此次并购在盈利方面的成效，本章选择销售毛利率、销售净利率和净资产收益率三个指标来分析沙隆达 A 自并购完成前三年至并购后一年（2014～2018 年）的盈利能力情况。

①纵向对比分析

沙隆达 A 并购完成前三年至并购后一年（2014～2018 年）的三项盈利能力指标如表 4-3 所示，变化趋势如图 4-2 所示。

表 4-3　　　　　　　　盈利能力指标表

项目	销售毛利率（%）	销售净利率（%）	净资产收益率（%）
2014 年	29.99	15.69	27.68
2015 年	20.30	6.54	6.91
2016 年	13.67	-4.02	-3.63
2017 年	35.33	6.49	14.88
2018 年	33.30	9.38	11.70

数据来源：Wind 金融终端数据库。

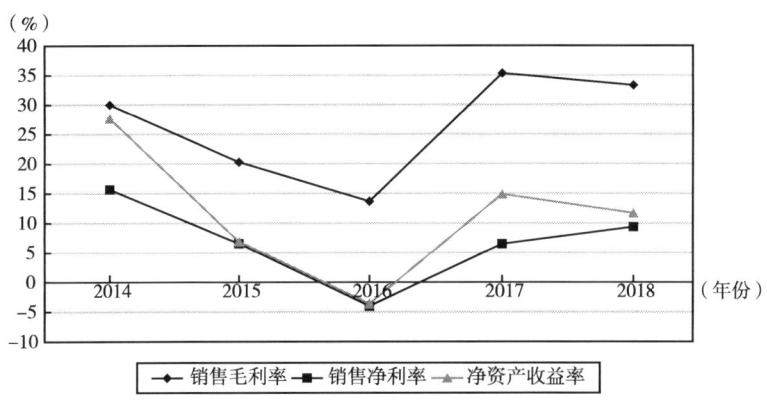

图 4-2　盈利能力变化趋势图

由表 4-3 和图 4-2 可以发现，销售毛利率、销售净利率和净资产收益率在并购前三年均呈逐年下降趋势，据分析沙隆达 A 年报发现，该变化主要有两个原因：一是在此期间全球农药市场较为低迷，沙隆达 A 主要生产的产品价格持续低位运行，导致了收入的下降；二是沙隆达 A 正在推进重大资产重组，产生了较多的重组中介费用，进而影响到公司的净利润。而在 2017 年并购完成后，沙隆达 A 的销售毛利率、销售净利率和净资产收益率均明显上升，分别达到了 35.33%、6.49% 和 14.88%。据沙隆达 A 年报可知，其指标的变化主要得益于销售收入的增长。尽管农业市场并没有完全从低迷中走出，但由于并购的发生推动了沙隆达 A 整体的转变，该公司的产品组合实现了差异化，促使销售数量大幅增长，进而提高了销售收入。不仅如此，产品组合持续转向差异化且成本持续降低，也共同使得净利润显著增加。虽然受并购的影响，2018 年沙隆达 A 销售收入继续增加，但销售毛利率较 2017 年却稍有降低，这是由两个因素导致的：一是供应紧俏，高企的原料和中间体的采购成本均有增加；二是巴西和印度的货币疲软。由于在欧洲和美国出售登记资源而产生了一次性资本收益，一方面净利润大幅增长，而另一方面净资产也有所增加，这就导致了 2018 年的销售净利率有所提高，而净资产收益率有所下降。总的来说，并购前三年，沙隆达 A 各项指标持续降低，而并购完成后，各项指标整体呈上升趋势，说明沙隆达 A 并购 ADAMA 公司对其盈利能力产生了利好的效果。

沙隆达 A 在并购前后各项指标的变化是否是行业因素的变化所导致的呢？接下来，将通过横向对比分析对此作进一步分析。

②横向对比分析

沙隆达 A 并购完成前三年至并购后一年（2014~2018 年）与同行业上市公司销售毛利率、销售净利率均值的对比如表 4-4 和表 4-5 所示，变化趋势对比如图 4-3、图 4-4 所示。

表 4-4　　　　沙隆达 A 与同行业销售毛利率均值对比表

项目	2014 年	2015 年	2016 年	2017 年	2018 年
沙隆达 A（%）	29.99	20.30	13.67	35.33	33.30
同行业均值（%）	27.07	27.55	26.93	30.88	31.31

数据来源：Wind 金融终端数据库。

从表 4-4 和图 4-3 中可以看出，同行业销售毛利率均值从 2014~2018 年整体较为平稳，并无太大波动。然而并购发生前，沙隆达 A 的销售毛利率

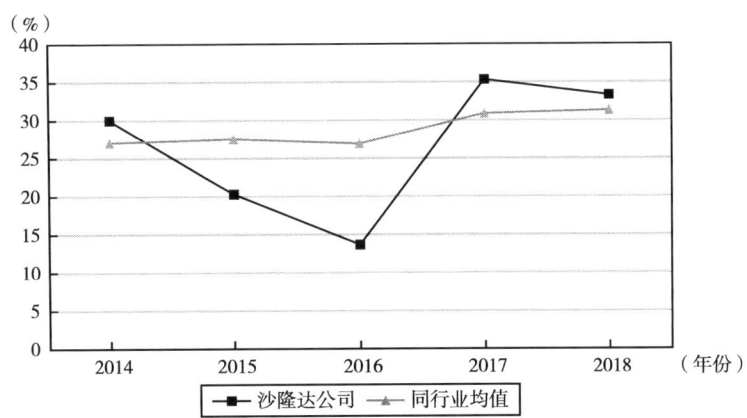

图 4-3 沙隆达 A 与同行业销售毛利率均值变化趋势图

连续三年下降，且在 2015 年和 2016 年均低于行业均值，这说明，并购前沙隆达 A 与同行业相比毛利较低。但在并购后，销售毛利率骤然上升，2017 年和 2018 年均高于行业均值。因此，其变动受行业因素影响并不大，主要是由于并购产生的影响。

表 4-5 沙隆达 A 与同行业销售净利率均值对比表

项目	2014 年	2015 年	2016 年	2017 年	2018 年
沙隆达 A（％）	15.69	6.54	-4.02	6.49	9.38
同行业均值（％）	10.68	9.12	7.78	11.13	9.00

数据来源：Wind 金融终端数据库。

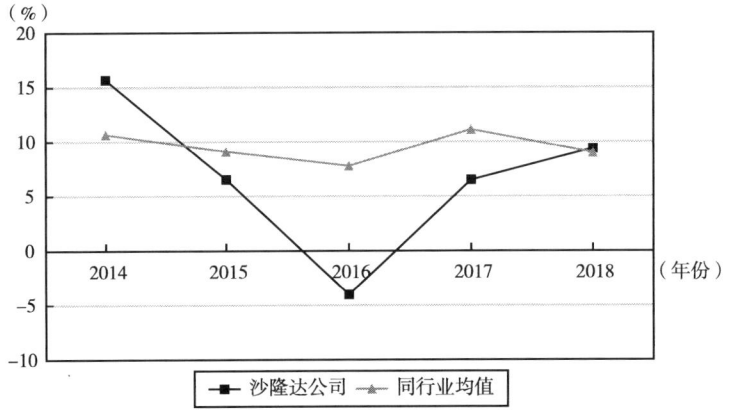

图 4-4 沙隆达 A 与同行业销售净利率均值变化趋势图

沙隆达 A 并购完成前三年至并购后一年（2014～2018 年）与同行业上市公司净资产收益率的对比如表 4-6 所示，变化趋势对比如图 4-5 所示。

表 4-6　　　　沙隆达 A 与同行业净资产收益率均值对比表

项目	2014 年	2015 年	2016 年	2017 年	2018 年
沙隆达 A（%）	27.68	6.91	-3.63	14.88	11.70
同行业均值（%）	19.60	13.59	9.41	13.90	11.88

数据来源：Wind 金融终端数据库。

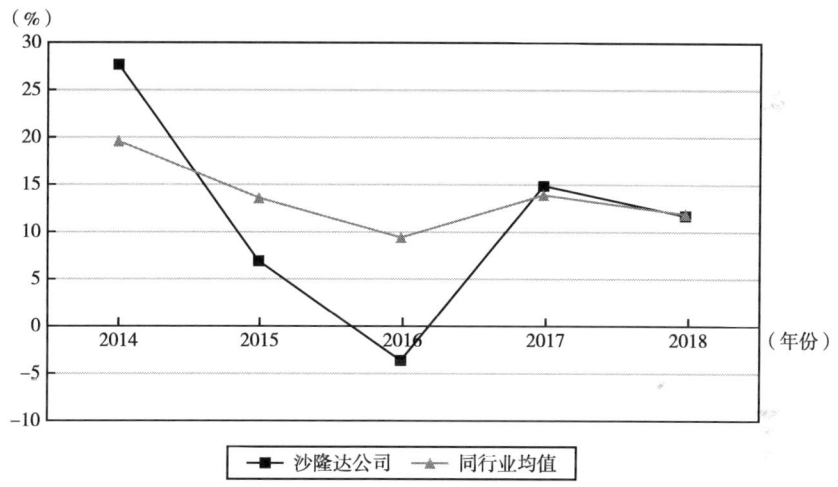

图 4-5　沙隆达 A 与同行业净资产收益率均值变化趋势图

从表 4-5、表 4-6 和图 4-4、图 4-5 中可以看出，同行业销售净利率和净资产收益率均值从 2014～2016 年均呈下降趋势，到 2017 年有明显回升，再至 2018 年略微下降，与沙隆达 A 的相关指标的增减趋势大致相同，但沙隆达 A 波动幅度要远远大于行业均值。2016 年沙隆达 A 销售净利率和净资产收益率已低至 -4.02% 和 -3.63%，但至 2018 年两项指标与行业均值基本持平。这说明沙隆达 A 在并购前后销售净利率和净资产收益率两项指标的变化有受到行业的影响，但并购的发生也起到了一定作用。

通过以上三个财务指标对并购前后沙隆达 A 盈利能力的纵向和横向对比分析可以发现，沙隆达 A 并购 ADAMA 公司产生的协同效应较为明显，在一定程度上促进了产品销量，大大提高了公司获取利润的能力。

（2）营运能力分析

营运能力是指企业的经营运行能力，即企业运用各项资产获利的能力。常用衡量指标主要有应收账款周转率、流动资产周转率和总资产周转率等。为更好地反映沙隆达 A 并购 ADAMA 公司后企业的资产管理水平变化，本章选取总资产周转率、存货周转率和应收账款周转率三个主要指标来分析其自并购完成前三年至并购后一年（2014～2018 年）的营运能力情况。

①纵向对比分析

沙隆达 A 自并购完成前三年至并购后一年（2014～2018 年）的三项营运能力指标如表 4-7 所示，变化趋势如图 4-6 所示。

表 4-7　　　　　　　　　营运能力指标表

项目	总资产周转率（次）	存货周转率（次）	应收账款周转率（次）
2014 年	1.11	7.45	13.92
2015 年	0.73	5.59	10.42
2016 年	0.62	6.94	7.14
2017 年	1.11	4.02	8.58
2018 年	0.62	2.04	4.32

数据来源：Wind 金融终端数据库。

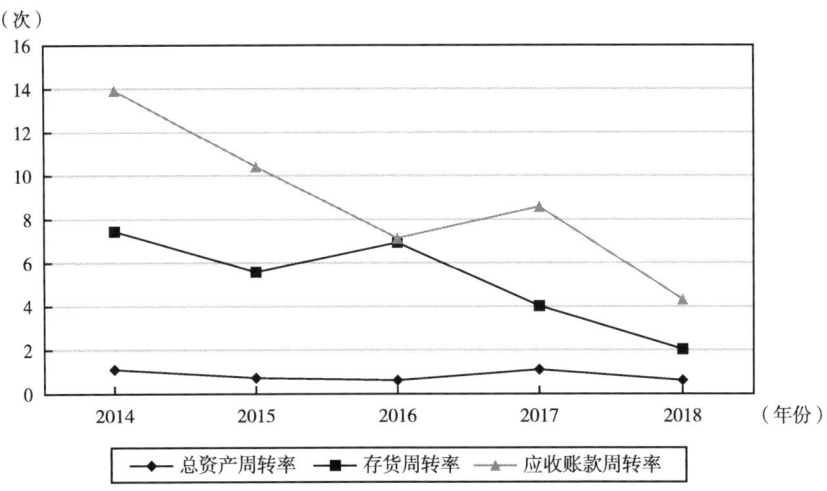

图 4-6　营运能力变化趋势图

由表 4-7 和图 4-6 可以发现，沙隆达 A 总资产周转率在并购前三年均呈下降趋势，并购完成当年转而上升，再至 2018 年下降至并购前的水平，这是由于沙隆达 A 并购 ADAMA 公司后，其营业收入的增加速度低于其资产的扩张速度，由此可见，该起并购从长远来看并没有提高沙隆达 A 资产的获利能力。整体上看，沙隆达 A 存货周转率呈下降趋势，其中一部分原因也是受前文所述的全球农药市场低迷所影响。市场低迷除了会使生产的产品价格下降，影响到收入，还会使产品供大于求，导致存货大量积压，影响到存货的周转速度。具体来看，沙隆达 A 存货周转率从 2017 年开始下降明显，至 2018 年达到最低点 2.04 次，这是由于沙隆达 A 并购 ADAMA 公司后，存货数量大量增加，进一步降低了该公司存货周转率。沙隆达 A 应收账款周转率在并购前三年极速下降，2017 年短暂上升后，继续下降至最低点 4.32 次。一方面是由于 ADAMA 公司长期通过为客户提供信用的方式发展业务以及维持客户长期关系，其销售主要依靠信用。另一方面是因为沙隆达 A 的境外收入越来越多，尤其是并购 ADAMA 公司后，沙隆达 A 的营业收入 100% 来源于境外收入，而部分境外地区收账期高于国内一般水平，而且受当地农作季节或当地国家经济下滑的影响，公司可能在收取货款时遇到阻碍，有时回款期达到数年。尽管 ADAMA 公司每年均与 Rabobank International 订立资产证券化协议以出让其部分应收账款，但这种方式治标不治本，还是没有能够提高其应收账款周转率。总的来说，沙隆达 A 并购 ADAMA 公司不仅没有改善其营运能力，反而由于存货的增加和信用收入的增加降低了存货和应收账款的周转速度，对其营运能力产生了负面的影响。

为探究行业因素是否对沙隆达 A 的营运能力产生影响，下面将通过横向对比分析对此作进一步研究。

②横向对比分析

沙隆达 A 并购完成前三年至并购后一年（2014~2018 年）与同行业上市公司的总资产周转率均值的对比如表 4-8 所示，变化趋势对比如图 4-7 所示。

表4-8　　　　沙隆达A与同行业总资产周转率均值对比表

项目	2014年	2015年	2016年	2017年	2018年
沙隆达A（次）	1.11	0.73	0.62	1.11	0.62
同行业均值（次）	0.86	0.78	0.75	0.79	0.73

数据来源：Wind金融终端数据库。

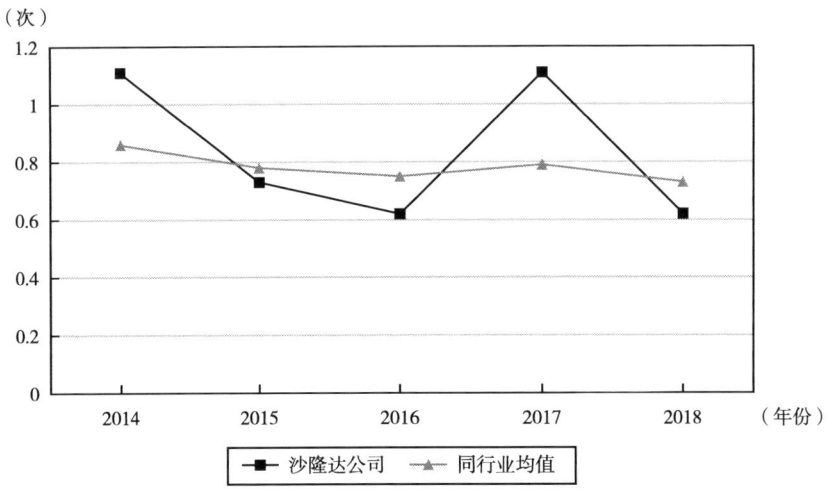

图4-7　沙隆达A与同行业总资产周转率均值变化趋势图

从表4-8和图4-7中可以看出，沙隆达A总资产周转率与同行业均值的变动方向一致，说明其变动与行业因素相关，但其变动幅度要远大于同行业均值的变动幅度，尤其是在并购完成当年，沙隆达A总资产周转率骤增，达到了1.11次，而后又下降到并购前的水平。这说明了沙隆达A在并购前后总资产周转率的变化有受到行业的影响，并购的发生只在短期内起到作用，从长期来看并没有很好的效果。

沙隆达A并购完成前三年至并购后一年（2014~2018年）与同行业上市公司的存货周转率均值的对比如表4-9所示，变化趋势对比如图4-8所示。

表4-9　　　　沙隆达A与同行业存货周转率均值对比表

项目	2014年	2015年	2016年	2017年	2018年
沙隆达A（次）	7.45	5.59	6.94	4.02	2.04
同行业均值（次）	4.34	3.77	4.27	4.28	4.03

数据来源：Wind金融终端数据库。

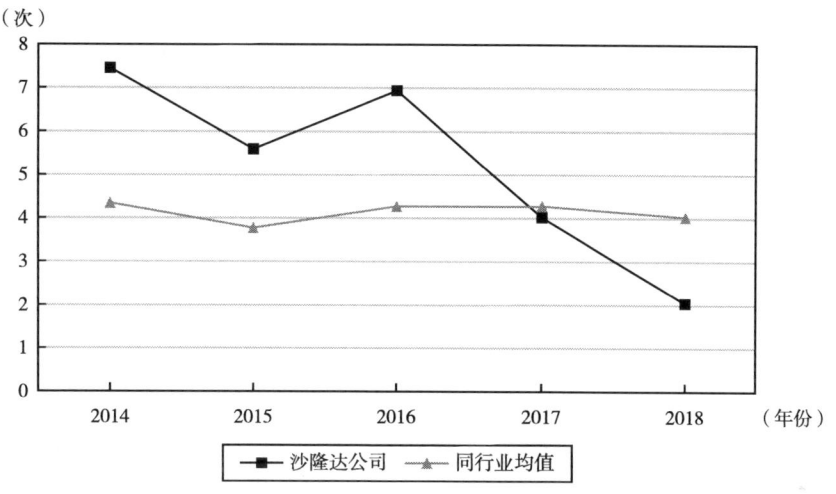

图4-8　沙隆达A与同行业存货周转率均值变化趋势图

从表4-9和图4-8中可以看出，并购前三年沙隆达A的存货周转率变动方向与同行业均值趋于一致，甚至远远高于同行业均值，但在并购发生后，沙隆达A存货周转率极速下降，到2018年低至2.04次，远低于同行业均值4.03次。由此可见，并购不仅没能提升沙隆达A的存货周转率。相反，还增加了大量存货，很大程度上拉低了沙隆达A的存货周转率。

沙隆达A并购完成前三年至并购后一年（2014~2018年）与同行业上市公司的应收账款周转率均值的对比如表4-10所示，变化趋势对比如图4-9所示。

表4-10　　　　沙隆达A与同行业应收账款周转率均值对比表

项目	2014年	2015年	2016年	2017年	2018年
沙隆达A（次）	13.92	10.42	7.14	8.58	4.32
同行业均值（次）	8.52	7.70	7.01	6.99	6.85

数据来源：Wind金融终端数据库。

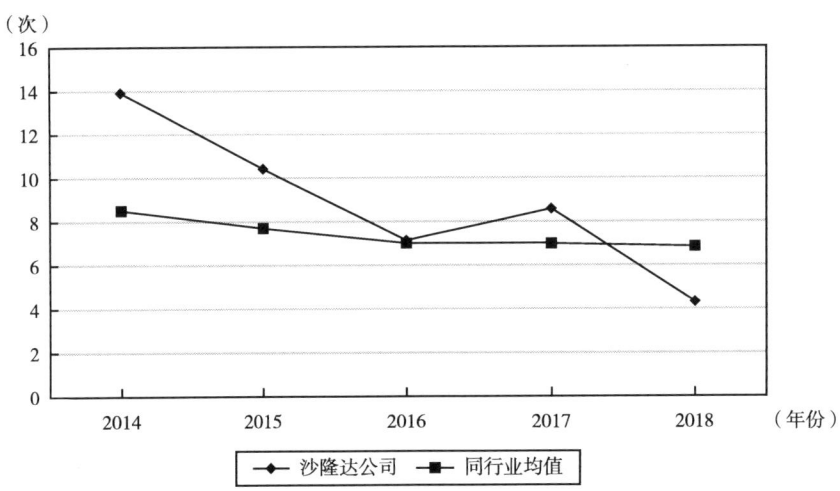

图 4-9 沙隆达 A 与同行业应收账款周转率均值变化趋势图

从表 4-10 和图 4-9 中可以看出，同行业应收账款周转率均值从 2014~2018 年一直处于缓慢下降的趋势，而沙隆达 A 除了 2017 年有短暂提高外，一直处于飞速下降状态，从 2014 年的最高点 13.92 次下降到了 2018 年的 4.32，前四年应收账款周转率均高于同行业均值，到了 2018 年降至均值之下。虽然整体来看沙隆达 A 应收账款周转率与同行业均值变动方向趋于一致，有受到同行业因素的影响，但并购的发生从长远来看并没有改善其受到的影响，反而还因为 ADAMA 公司主要提供信用方式促进销售和销售市场完全转向海外而更加加剧了沙隆达 A 应收账款周转率的下降。

通过以上三个财务指标对并购前后沙隆达 A 营运能力的纵向和横向对比分析可以发现，沙隆达 A 营运能力的变动主要是受行业因素影响，虽然沙隆达 A 并购 ADAMA 公司短暂地改变了其总资产周转率和应收账款周转率，但从长期来看，并没有很好的效果。相反，并购的发生还引起了存货周转率的下降。总体而言，沙隆达 A 并购 ADAMA 公司后资产管理水平欠佳，还需进一步提高。

（3）偿债能力分析

偿债能力是指企业以资产偿还短期负债和长期负债的能力。常用衡量指标主要有流动比率、速动比率和现金比率，由于并购可能会导致企业现金流出，从而影响其偿债能力。因此，为准确反映沙隆达 A 并购后企业的偿债能力变化，本章选取现金比率、流动比率和资产负债率三个主要指标来分析沙隆达 A 自并购完成前三年至并购后一年（2014～2018 年）的偿债能力情况。

①纵向对比分析

沙隆达 A 并购完成前三年至并购后一年（2014～2018 年）的三项偿债能力指标如表 4-11 所示，变化趋势如图 4-10、图 4-11 所示。

表 4-11　　　　　　　　　偿债能力指标表

项目	现金比率	流动比率	资产负债率（%）
2014 年	0.90	2.10	31.59
2015 年	0.87	1.87	29.55
2016 年	1.09	1.85	32.83
2017 年	0.71	2.07	52.60
2018 年	0.56	2.18	47.96

数据来源：Wind 金融终端数据库。

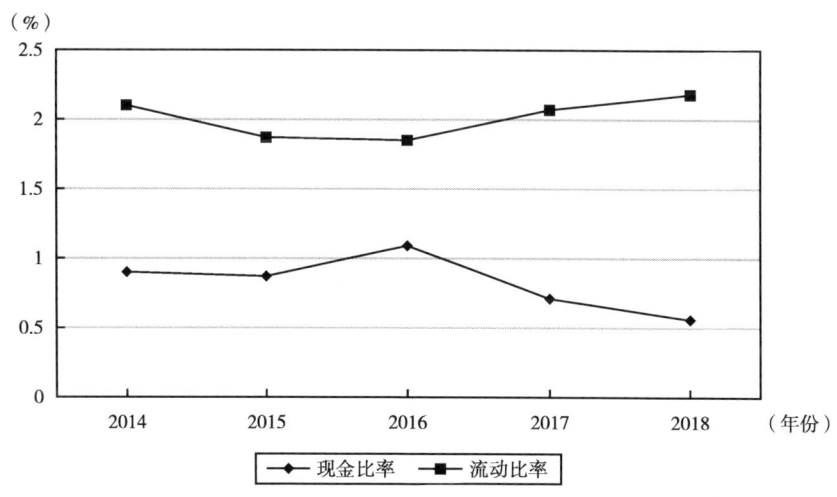

图 4-10　现金比率、流动比率变化趋势图

由表 4-11 和图 4-10、图 4-11 可以发现，并购前三年，沙隆达 A 的现金比率整体呈上升呈趋势，在 2016 年达到最高点 1.09，而并购发生后，

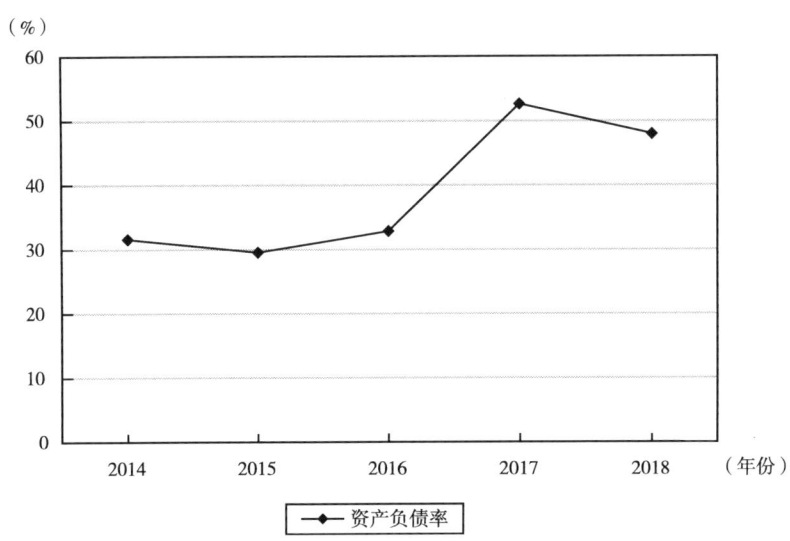

图 4-11 资产负债率变化趋势图

该项指标逐年下降，在 2018 年降至最低点 0.56，几乎折了一半。这是因为短期借款、应付账款、预收账款和其他应付款等大量增加导致了流动负债增加了近一倍。尽管随着公司当年利润的增长现金也增加了不少，但在大量的流动负债增加面前还是杯水车薪。与现金比率相反，沙隆达 A 的流动比率在并购前三年均呈下降趋势，但并购发生后，其逐年增长，2018 年达到了最高点 2.18。这是因为并购发生后，沙隆达 A 货币资金、其他应收款等流动资产增加而导致的，从这一角度来看，并购后其短期偿债能力有增强。沙隆达 A 资产负债率在并购前三年变动并不大，其变动主要在并购完成的当年，上升到了 52.60%，这显然是因为并购而导致的。总体来说，沙隆达 A 并购 ADAMA 公司对其短期偿债能力有一定的加强，但对长期偿债能力不仅没有提高，反而还降低了。

为确认沙隆达 A 并购后偿债能力的变化是否与行业因素无关，下面将通过横向对比分析对此作进一步研究。

②横向对比分析

沙隆达 A 并购完成前三年至并购后一年（2014~2018 年）与同行业上市公司的现金比率、流动比率均值的对比如表 4-12、表 4-13 所示，变化趋势对比如图 4-12、图 4-13 所示。

表 4-12　　　　　沙隆达 A 与同行业现金比率均值对比表

项目	2014 年	2015 年	2016 年	2017 年	2018 年
沙隆达 A	0.90	0.87	1.09	0.71	0.56
同行业均值	0.59	0.84	0.95	1.25	0.97

数据来源：Wind 金融终端数据库。

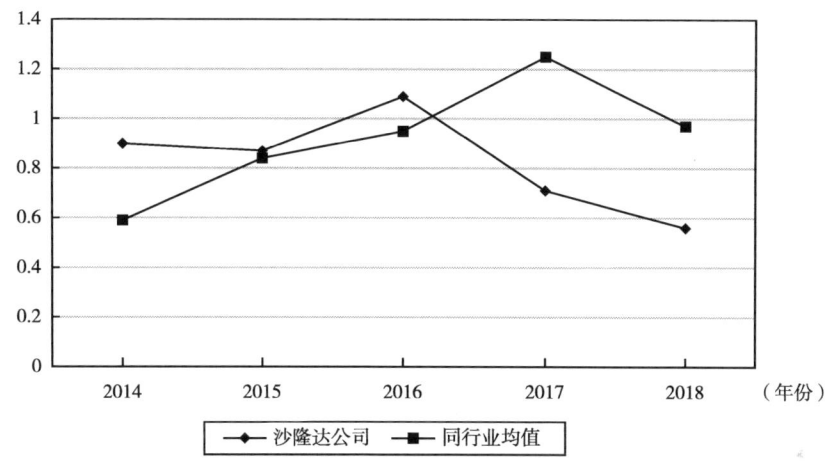

图 4-12　沙隆达 A 与同行业现金比率均值变化趋势图

表 4-13　　　　　沙隆达 A 与同行业流动比率均值对比表

项目	2014 年	2015 年	2016 年	2017 年	2018 年
沙隆达 A	2.10	1.87	1.85	2.07	2.18
同行业均值	1.68	1.96	2.09	2.65	2.38

数据来源：Wind 金融终端数据库。

从表 4-12、表 4-13 和图 4-12、图 4-13 中可以看出，并购前三年，沙隆达 A 现金比率均高于同行业均值，但在并购发生后则降至同行业均值之下，并且差距越来越大。而流动比率仅在 2014 年处于同行业均值以上，其他年份均不如同行业均值，尽管在并购发生后该指标有逐步上升，但还是没能达到同行业均值水平。这说明沙隆达 A 短期偿债能力明显差于同行业，并购产生的效果也并不明显。

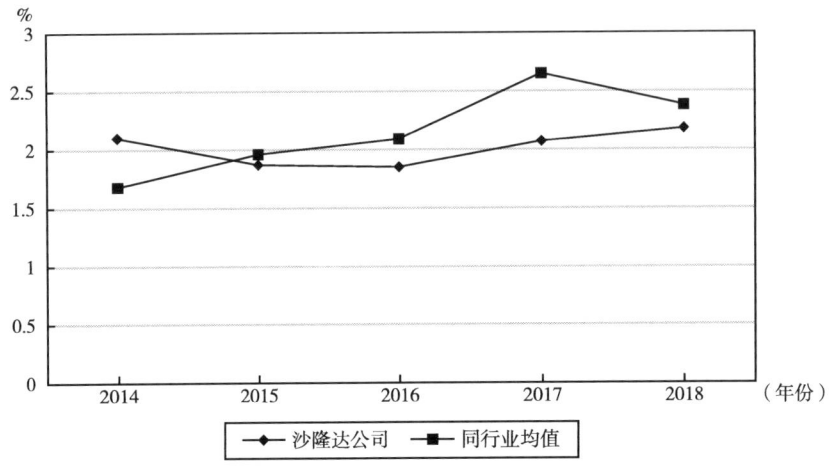

图4-13 沙隆达A与同行业流动比率均值变化趋势图

沙隆达A并购完成前三年至并购后一年（2014~2018年）与同行业上市公司的资产负债率均值的对比如表4-14所示，变化趋势对比如图4-14所示。

表4-14　　　　沙隆达A与同行业资产负债率均值对比表

项目	2014年	2015年	2016年	2017年	2018年
沙隆达A（％）	31.59	29.55	32.83	52.60	47.96
同行业均值（％）	46.80	40.05	38.55	38.44	36.94

数据来源：Wind金融终端数据库。

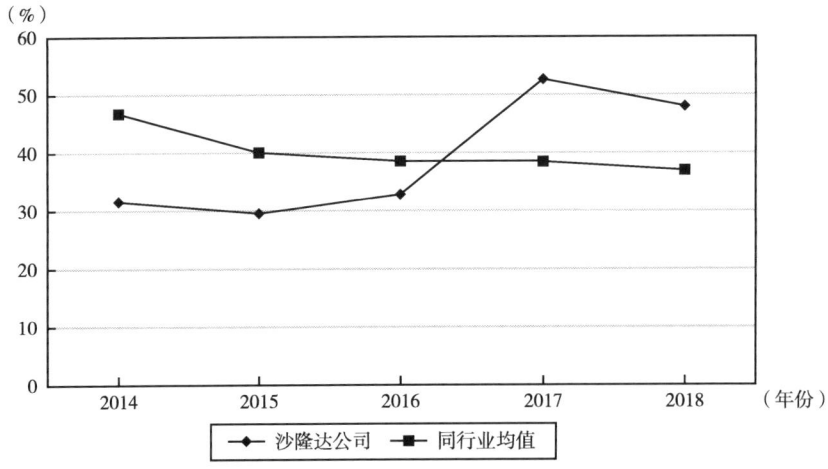

图4-14 沙隆达A与同行业资产负债率均值变化趋势图

从表 4-14 和图 4-14 中可以看出,并购前三年,沙隆达 A 的资产负债率相对同行业均值较低,偿债风险相对较小。并购完成后,沙隆达 A 资产负债率骤然上升,大大高于同行业均值,这显然说明并购 ADAMA 公司减弱了沙隆达 A 的长期偿债能力。

通过以上三个财务指标对并购前后沙隆达 A 偿债能力的纵向和横向对比分析可以发现,从短期上看,并购 ADAMA 公司对于沙隆达 A 的偿债能力并没有明显改善。而从长期上看,沙隆达 A 的偿债能力不仅没有改善,反而在很大程度上有所削弱。

(4) 发展能力分析

发展能力是指企业在正常经营的基础上,扩大规模和壮大实力的潜在能力。常用衡量指标有营业收入增长率、总资产增长率和技术投入比率等,沙隆达 A 并购 ADAMA 公司的目的主要是实现技术协同、扩大市场份额和提高企业效益,因此本章选取一个传统指标(技术投入比率)和两个特色指标(海外销售增长率[①]、海外销售收入占比[②])三个指标来分析沙隆达 A 并购完成前三年至并购后一年(2014~2018 年)的发展能力。

①纵向对比分析

沙隆达 A 并购完成前二年至并购后一年(2014~2018 年)的三项发展能力指标如表 4-15 所示,变化趋势如图 4-15、图 4-16、图 4-17 所示。

表 4-15 发展能力指标表

项目	技术投入比率(%)	海外销售增长率(%)	海外销售收入占比(%)
2014 年	0.25	15.30	59.07
2015 年	0.34	-36.76	53.90
2016 年	0.47	-22.95	48.59
2017 年	1.51	2543.14	100.00
2018 年	1.73	7.54	100.00

数据来源:Wind 金融终端数据库。

① 海外销售增长率:本年海外业务收入增长额同上年海外业务收入总额之比。
② 海外销售收入占比:海外业务收入占营业收入的比率。

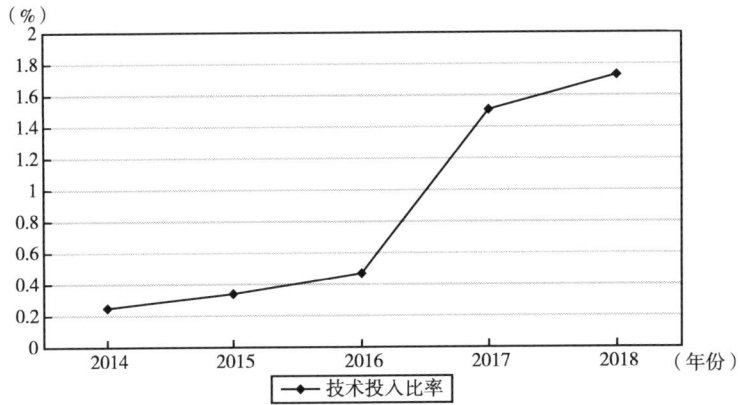

图 4-15 技术投入比率变化趋势图

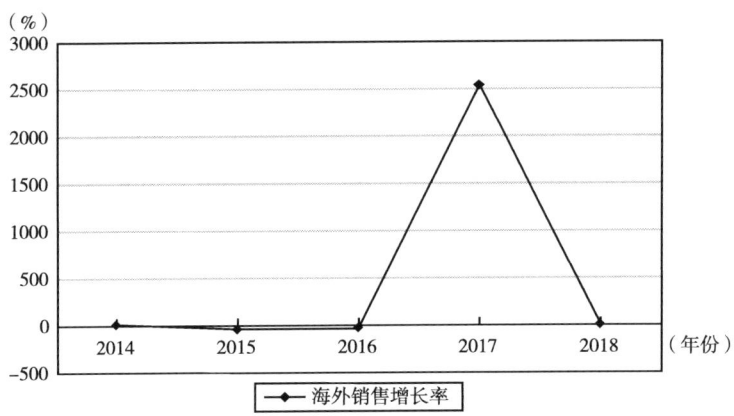

图 4-16 海外销售增长率变化趋势图

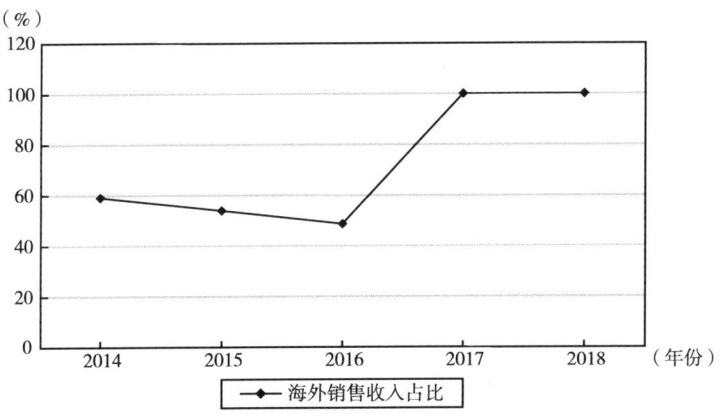

图 4-17 海外销售收入占比变化趋势图

由表 4-15、图 4-15、图 4-16 及图 4-17 可以发现，沙隆达 A 的技术投入比率在并购前两年增长缓慢，2017 年并购完成后开始飞速增长，从 2014 年的 0.25% 增加到了 2018 年的 1.73%。这说明沙隆达 A 在并购 ADAMA 公司后技术协同效应有了很大提升，并且对技术创新投入的增加一直在持续，将会大大推动我国农药行业技术进步和产业升级，提高其竞争优势。沙隆达 A 海外销售增长率在并购前呈下降趋势，但在并购完成当年实现了颠覆性的逆转，增长了 2543.14%，虽然 2018 年该指标有下降，但还是呈正增长状态。海外销售收入占比在并购前也一直处于下降趋势，但在并购后其增长迅猛，达到了营业收入的 100% 并一直持续。这说明沙隆达 A 在并购 ADAMA 公司后改变了其销售市场，利用 ADAMA 公司完善的全球销售和营销网络，带动沙隆达 A 的产品在世界范围内销售，解决闲置产能问题，扩大了产品销售。

为探究沙隆达 A 的发展能力指标变化是否是行业因素所为，下面通过横向对比分析对此作进一步分析。

②横向对比分析

沙隆达 A 并购完成前三年至并购后一年（2014~2018 年）与同行业上市公司的技术投入比率、海外销售增长率和海外销售收入占比均值的对比如表 4-16、表 4-17、表 4-18 所示，变化趋势对比如图 4-18、图 4-19 和图 4-20 所示。

表 4-16　　沙隆达 A 与同行业技术投入比率均值对比表

项目	2014 年	2015 年	2016 年	2017 年	2018 年
沙隆达 A（%）	0.25	0.34	0.47	1.51	1.73
同行业均值（%）	2.37	3.07	3.01	2.57	2.81

数据来源：Wind 金融终端数据库。

从表 4-16 和图 4-18 中可以看出，沙隆达 A 的技术投入比率与同行业均值的变动趋势并不相同。因此，其指标变化并不是行业因素所为。虽然整体而言，沙隆达 A 的技术投入比率无论是在并购前还是并购后均低于同行业均值，但从沙隆达 A 并购后的增长趋势来看，在接下来的几年沙隆达 A 技术投入比率很可能赶上甚至超过同行业均值。

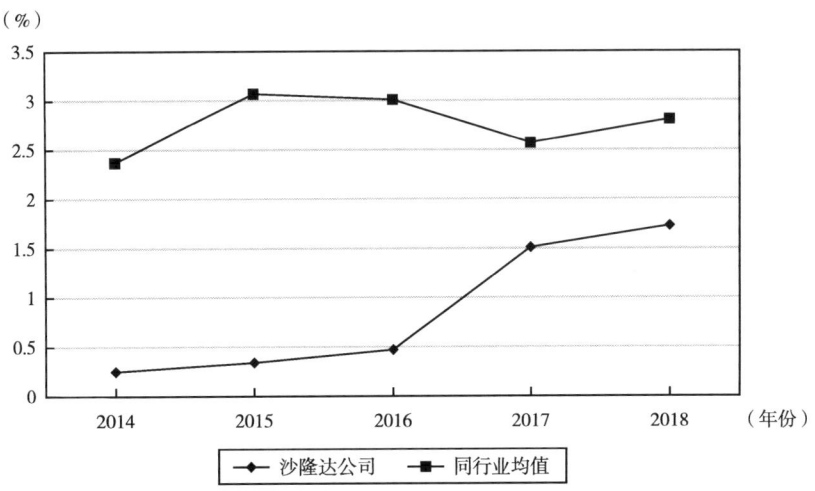

图 4-18　沙隆达 A 与同行业技术投入比率均值变化趋势图

表 4-17　　　　沙隆达 A 与同行业海外销售增长率均值对比表

项目	2014 年	2015 年	2016 年	2017 年	2018 年
沙隆达 A（％）	15.3	-36.76	-22.95	2543.14	7.54
同行业均值（％）	-25.40	-6.83	4.71	261.02	1.93

数据来源：Wind 金融终端数据库。

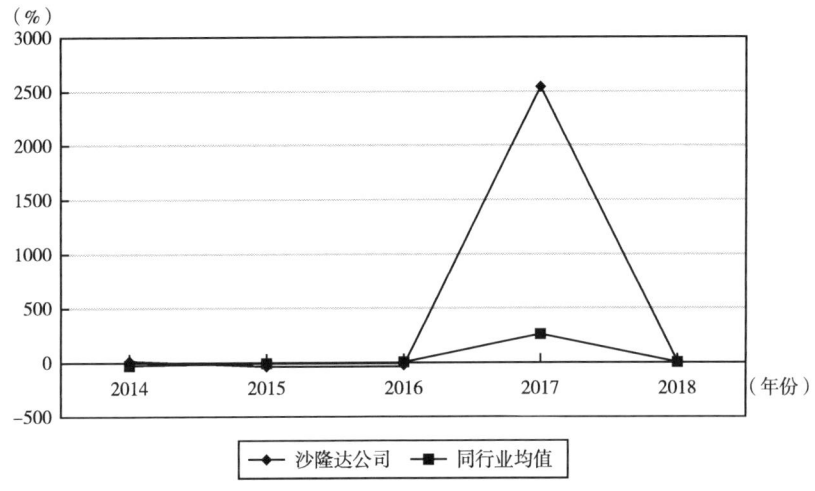

图 4-19　沙隆达 A 与同行业海外销售增长率均值变化趋势图

从表 4-17 和图 4-19 中可以看出,沙隆达 A 的海外销售增长率与同行业均值呈反方向变动,而 2017 年受沙隆达 A 指标超常增长的影响,同行业均值也大幅增长,至 2018 年回落。可以看出,其指标变化也不是行业因素所为,而主要是受沙隆达 A 并购 ADAMA 公司影响。沙隆达 A 并购后海外市场占有率逐年提高,产品竞争力和品牌影响力不断增强。

表 4-18　　沙隆达 A 与同行业海外销售收入占比均值对比表

项目	2014 年	2015 年	2016 年	2017 年	2018 年
沙隆达 A(%)	59.07	53.9	48.59	100	100
同行业均值(%)	45.19	42.96	40.86	73.44	67.23

数据来源:Wind 金融终端数据库。

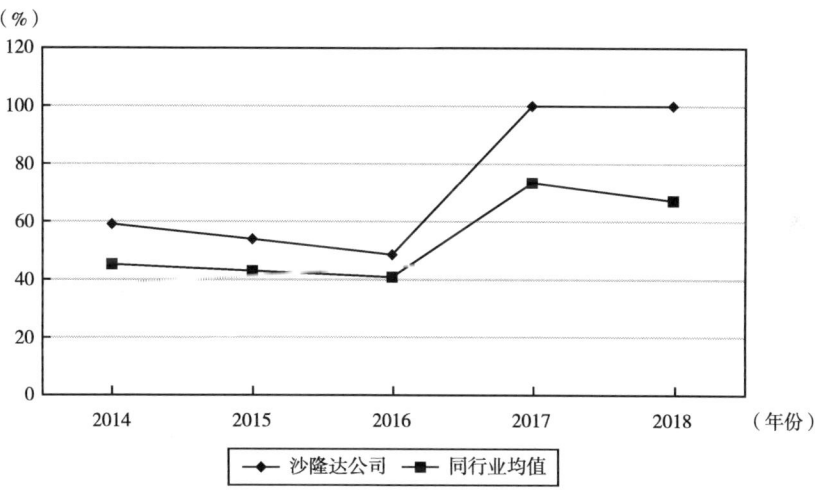

图 4-20　沙隆达 A 与同行业海外销售收入占比均值变化趋势图

从表 4-18 和图 4-20 中可以看出,沙隆达 A 的海外销售收入占比无论是并购前还是并购后均高于同行业均值,其变动方向与同行业均值趋于一致,说明行业因素对其有一定影响。但在并购发生后,其变动幅度要远大于同行业均值,甚至达到 100%。这说明并购的发生对其影响更大。随着国内农药市场对海外市场的依赖程度越来越高,沙隆达 A 通过并购 ADAMA 公司获取其完善的全球销售和营销网络,带动沙隆达 A 的产品在世界范围内的销售,使沙隆达 A 的海外销售取得了较好成效。

通过以上三个财务指标对并购前后沙隆达 A 发展能力的纵向和横向对比分析可以发现，沙隆达 A 并购 ADAMA 公司大大提高了其技术投入比率、海外销售增长率和海外销售收入占比，使其产品竞争力、品牌影响力和海外市场占有率均得到有效提升，具有较好的发展潜力。

2. 基于非财务指标的长期绩效分析

非财务指标法是指无法用财务数据计算的指标来评价企业绩效的一种评价方法。由于非财务指标能评估企业的价值和发展潜力，因此在并购长期绩效分析中，常被应用于企业经营状况和前景的分析。

对企业非财务绩效的评价主要包括三个方面：经营、客户和员工。鉴于沙隆达 A 属于农药行业，对技术创新要求较高，且此次并购的战略目标又是开拓市场、获取技术并产生协同效应，因此为更好地反映沙隆达 A 并购前后的绩效变化，本章对沙隆达 A 2014～2018 年的市场份额、创新能力和业务整合三个方面的变化进行补充分析，以此能够更加全面评价此次并购对沙隆达 A 长期绩效的影响。

（1）市场份额

根据沙隆达 A 并购 ADAMA 公司的动因分析，可以得知此次并购的主要目的之一就是发挥协同效应，扩大销售，提高产品竞争力，因此市场份额的变化情况是衡量并购绩效的一个重要指标，市场份额越高，竞争力越强。本章选取并购完成前三年至并购后一年共五年（2014～2018 年）沙隆达 A 的营业收入占我国农药行业上市公司营业收入总额的比重衡量其市场份额，如表 4-19 所示。

表 4-19　　　　　　　　　　并购前后市场份额比较分析表

项目	2014 年	2015 年	2016 年	2017 年	2018 年
沙隆达 A 营业收入（亿元）	31.31	21.70	18.55	238.20	256.15
同行业总营业收入（亿元）	492.63	482.85	531.48	1067.68	1188.72
市场份额（%）	6.36	4.49	3.49	22.31	21.55

数据来源：Wind 金融终端数据库。

从表 4-19 可以看出，沙隆达 A 在并购前三年市场份额连年下降，并且占比非常少，而并购完成后其市场份额突飞猛进，达到了 22.31% 和 21.55%。据沙隆达 A 年报显示，沙隆达 A 通过并购 ADAMA 公司获取了其完善的全球销售和营销网络，带动沙隆达 A 产品在世界范围内的销售，产品销往全球 100 多个国家。这说明，沙隆达 A 并购 ADAMA 公司发挥了协同效应，成功扩大销售，产品竞争力明显提升。

（2）创新能力

沙隆达 A 作为一家非专利产品生产商，主要针对原创型产品的化合物开发生产工艺和登记数据，该类企业主要以开发和登记非专利产品为核心竞争力，因此提高创新能力对其极为重要。前文在分析财务指标时已经分析过沙隆达 A 的技术投入比率，了解到并购发生后，沙隆达 A 研发投入金额占营业收入的比例明显增加。一家公司要想提高创新能力，仅仅投入资金是不够的，还应该投入大量人力。因此，还需分析并购前后沙隆达 A 人员数量变动情况，如表 4-20 所示。

表 4-20　　　　　　　并购前后研发人员数量比较表

项目	2014 年	2015 年	2016 年	2017 年	2018 年
研发人员数量（人）	20	20	232	241	254

数据来源：沙隆达 A 年报。

由表 4-20 可知，在并购发生前两年，沙隆达 A 研发人员数量极少，仅仅只有 20 人，到了 2016 年研发人员数量突飞猛进，之后的两年也在持续增加，这说明在并购 ADAMA 公司后，沙隆达 A 非常重视其创新能力，无论是资金还是人员都大量增加投入。目前，沙隆达 A 在以色列、印度、巴西和中国建有化学研发中心，在以色列、中国、印度、美国和巴西建有分析实验室，在欧洲、以色列、拉丁美洲、巴西、北美、印度和亚洲建有开发和登记中心，在全球 100 多个国家拥有专业的登记团队。

（3）业务整合

沙隆达 A 在并购 ADAMA 公司前，在境外其他国家和地区均未办理销售原药类或制剂类农药所需的注册登记，由于 ADAMA 公司在全球各个国家拥有大量制剂类农药的产品登记，并且拥有广阔的海外渠道、先进的生产技术和超前的研发水平,此次并购后,沙隆达 A 的业务纵向贯穿全球营销、销售及分销、产品登记、生产和研发,真正实现了完整的价值链覆盖。因此,沙隆达 A 能够结合农民需求、天气情况、政府政策及法规的动态变化,对产品及运营进行有效管理,并抓住价值链各节点产生的价值。沙隆达 A 约 80% 的产品是内部生产或配制加工,能够迅速应对市场挑战、捕捉市场价值,在几乎所有的重要市场高效地引入新产品,为农民提供完整的作物保护解决方案。沙隆达 A 在各个战略市场的本土销售团队与当地经销商和终端用户建立了紧密联系,更加了解市场需求,进一步加强了销售和营销实力,在批发商、零售商及农民三个层面推动需求增长,并提供宝贵的市场信息。

五、主要研究结论

本章在简要介绍沙隆达 A 和 ADAMA 公司并购双方基本概况、并购过程以及分析并购动因的基础上,重点运用事件研究法分析了广大投资者对沙隆达 A 并购 ADAMA 公司的预期和态度,并运用财务指标法以及非财务指标法全面比较分析了并购 ADAMA 公司对沙隆达 A 长期绩效的影响。

通过事件研究法分析发现:在沙隆达 A 并购 ADAMA 公司事件的整个窗口期〔-10,15〕内,CAR 高达 0.5597 且通过了统计上的显著性检验。所有子窗口期内的 CAR 也均为正值,且在子窗口期〔0,15〕内 CAR 达到最大值(0.5973),半数以上子窗口期的 CAR 都通过了 1% 水平上的显著性检验。结果表明,短期内广大投资者对沙隆达 A 并购 ADAMA 公司的未来发展前景非常看好,对该起并购充满信心。

通过财务指标分析法分析表明:(1)从盈利能力上看,并购完成后,各项财务指标整体呈上升趋势,说明沙隆达 A 并购 ADAMA 公司产生的协同效应较为明显,对其盈利能力提升具有明显效果;(2)从营运能力上看,沙隆达 A 并购 ADAMA 公司不仅没有改善其营运能力,反而由于存货和应收账款的增加降低了存货和应收账款的周转速度,对其营运能力产生了负面影响。沙隆达 A 并购后营运能力的变动主要是受行业因素影响,总体而言,沙隆达 A 并购 ADAMA 公司后的资产管理水平还需进一步提高;(3)从偿债能力上看，并购 ADAMA 公司对沙隆达 A 短期偿债能力有一定的提高，但对长期偿债能力不仅没有提高，反而还降低了；(4) 从发展能力上看，并购 ADAMA 公司后，沙隆达 A 大大提高了技术投入比率、海外销售增长率和海外销售收入占比，说明其充分发挥了 ADAMA 公司完善的全球销售和营销网络，带动了公司产品在世界范围内的销售，扩大了产品销售，解决部分产能闲置问题。使公司产品竞争力、品牌影响力和海外市场占有率均得到显著提升，未来发展潜力巨大。

通过非财务指标分析法分析表明：沙隆达 A 并购 ADAMA 公司后，市场份额大大提高。更加重视创新能力，无论是资金还是人员的投入都较并购前大量增加，创新能力得到了加强。业务纵向贯穿了全球营销、销售及分销、产品登记、生产和研发，真正实现了完整价值链覆盖。

总之，沙隆达 A 并购 ADAMA 公司产生了协同效应，扩大了产品海外销售市场，创新能力得到了明显加强，公司竞争力得到了显著提升。并购 ADAMA 公司对沙隆达 A 的长期绩效有提升作用，实现了其并购战略目标。

第五章

湖北上市国有企业跨境并购案例分析之二：光迅科技并购丹麦 IPX 公司

武汉光迅科技股份有限公司（公司简称：光迅科技；股票代码：002281）为完善产业链发展、提高产品海外市场竞争力、提升技术协同创新能力和扩大品牌国际影响力，从而提升公司核心竞争力，2012年12月3日，与 Ignis Photonyx A/S（IPX 公司）股东 Ignis 签署《股权购买协议》。并于2013年2月，双方股东完成本次股权交割手续，IPX 公司正式与光迅科技合并，成为其子公司。广大投资者对光迅科技并购丹麦 IPX 公司究竟持何种态度？光迅科技收购 IPX 公司目的是否达到？并购对其业绩究竟产生了怎样影响？本章将通过事件研究法和财务指标以及非财务指标法对其进行全面分析，以期能准确回答上述问题。

一、并购双方概况

（一）并购方概况

武汉光迅科技股份有限公司位于湖北省武汉市，成立于2001年1月22日。2009年8月21日在深交所上市，股票代码为002281。光迅科技隶属于通信设备制造业中的光通信模块，由武汉邮电科学研究院实际控股，最终实际控制人是国务院国有资产监督管理委员会。主营业务是光电子器件的研发、生产以及提供通信类解决方案服务等。光迅科技拥有芯片制造关键技术和完整产业链,长期与中兴、华为和烽火等多个大型下游供应商客户保持紧密合作关系,在国内光电子器件领域排名靠前,且在全球各国尤其是欧美地区拥有重要市场份额。

(二) 目标方概况

丹麦 Ignis Photony A/S 公司(以下简称 IPX 公司)主要从事特殊光学元件的开发和生产,其母公司是挪威光器件提供商 Ignis 公司。IPX 公司主要优势是基于 PECVD 技术(等离子体增强化学气相沉积制造技术)的无源芯片制造,光迅科技在该类产品的全球市场占有率非常高。因此长期以来,IPX 公司一直是光迅科技 PLCS、AWG 等平面光波导类产品的供应商。IPX 公司的平台是硅基平台,不仅掌握 AWG 芯片工艺,还能制造光开关等光电子器件,在整个数据通信和光通信领域都有大量应用,在硅光里也有很广泛的应用空间。

二、并购动因分析

(一) 提高产品海外市场竞争力

目前,全球已经进入以科技创新为核心的竞争时代,在新兴通信业更是如此,追求高速度、大规模的技术竞争已经成为新一轮行业竞争的新常态。因此提高市场竞争力,应高度重视技术能力、高端技术人才等资源的基础作用。从战略上看,全球 PLC 型(基于 PLC 芯片制造)光器件产品在并购前年度价格不断降低,光迅科技主营产品盈利空间被压缩,如果不解决核心产品的"空芯化"问题,光迅科技可能会丧失竞争优势,无法实现可持续发展。从生产完整度上看,光迅科技目前拥有光通信芯片设计——光模块制造——封装的中下游产业链,而光电子器件一直来源于集中采购方 IPX 公司,上游的光器件原料研发环节是空缺的。从市场上看,光通信企业作为新兴企业,国内企业面临占据世界领先地位、扩大全球通信业市场的良好发展机遇,应积极响应国家"走出去"的政策,大力增加海外市场份额。综上所述,光迅科技通过并购 IPX 公司掌握光器件核心技术,对于丰富产品种类、完善产业链发展、提升市场地位有着重要意义,有利于光迅科技进一步挖掘潜在利润,增强综合实力,提高产品海外市场竞争力。

(二)提升技术协同创新能力

由并购协同效应理论可知,成功并购能够实现协同效应,利用并购双方资源的共享和优势互补,在公司的经营、管理或财务方面达到"1+1>2"的效果。光通信作为通信设备制造业中的重要领域,技术含量要求较高,但我国该领域起步晚,对于光器件等产品制造的所需关键技术和原材料往往是通过进口等方式获取,拥有产品研发技术的企业少之又少。光迅科技作为我国无源器件领域的领先企业,虽然持续对光芯片研发投入资金和人力,但光芯片研发周期长,投入成本高,不利于光迅科技提高经营效率。基于加速进军世界级光电子企业目标的考虑,光迅科技通过并购的方式增强主营产品的核心技术研发专业性,实现技术协同创新是战略规划上的必然选择。完成与多年合作方 IPX 公司的并购,有助于光迅科技快速获取光通信领域核心技术,在技术共享、集中和融合的基础上实现协同创新,完成产品升级,从而扩大公司生产规模,实现协同效应。

(三)扩大品牌国际影响力

我国光通信领域由于起步较晚,因此在国际市场上企业的品牌地位不高,影响力不强。在我国"走出去"政策的大力推动下,许多企业将目光瞄准国外企业,打造特色品牌的方式也逐渐转向跨境并购。IPX 公司的母公司是 Ignis 公司,Ignis 公司在光器件领域知名度高,实现对 IPX 公司的并购能在三个方面扩大新设品牌的影响力。首先,可以帮助合并公司的新品牌在丹麦市场站稳脚跟,建立海外市场基础,再向发达国家市场进军;其次,光迅科技能够避开贸易壁垒和关税,加速品牌生产流程,实现双方品牌的优劣互补,打造更优质的国际品牌;最后,还可以通过无形资源(如商誉等)的整体优势发挥,形成规模经济,发挥品牌效应。加之研发技术的掌握、国际新市场的开拓对公司综合实力的提升作用,这些都有助于光迅科技扩大品牌的国际影响力。

三、并购过程回顾

自 2007 年 11 月以来,光迅科技就开始向 IPX 公司采购阵列波导光栅(以下简称 AWG)和光分路器等产品,两者始终保持稳定良好的合作关系,且合作领域由产品供应逐步转移到光芯片的设计和开发上。

自 2009 年以来,受欧洲整体经济环境影响,IPX 公司连续几年都处于持续亏损状态,经营陷入困境。2011 年,IPX 实现营业收入 3154.24 万丹麦克朗(约 3456 万元人民币),净亏损 5153.29 万丹麦克朗(约 5668 万元人民币)。IPX 公司在芯片研发的累计投入已经达到 1 亿美元,如果与合作方光迅科技合并,IPX 的订单需求就能从光迅科技得到满足,从而有望实现经营状态从亏损转为赢利。

光迅科技作为光通信领域的龙头企业,在资金和市场等方面力量雄厚。但是,光迅科技在主营无源器件产品上受芯片开发技术所限,若长期采取进口采购的方式,高附加值产品的推出将会比较困难。2012 年,全球光通信市场资本性支出增长放缓,无论是光网络设备市场还是光器件市场的规模均有所萎缩。因全球光器件市场低迷,公司营业收入增长缺乏动力,同比仅增长 1.5%。其中,光迅科技主要产品收入同比下滑 9.5%,发展急需新的推动力。放眼国内,光通信领域企业主营业务以制造业居多,产品研发相对较弱,要占据光通信领域前沿地位,必须加强公司研发能力。并购重组作为一个成本相对低廉的投资方式,能够帮助公司快速进入高端产品研发领域,有效提升公司技术协同创新能力、扩大品牌国际影响力、提高产品海外市场竞争力,是光迅科技战略规划上的必然选择。IPX 公司与光迅科技多年合作,如果实现跨境并购,一方面,IPX 拥有的核心技术,能为光迅科技在发展 100Gb/s、400Gb/s 高端器件产品等方面提供重要推力;另一方面,其生产的现有产品和未来产品,能扩大光迅科技的市场份额,预计可使光迅科技增收约1000万美元,净利润增加近50万美元。因此,双方达成并购共识。

2012年12月3日,武汉光迅科技股份有限公司(光迅科技)与Ignis Photonyx A/S(IPX公司)股东Ignis签署《股权购买协议》,以260万美元(约1638万元人民币)完成对IPX公司的收购。此外,光迅科技还增资540万美元用以购买资产和补充公司所需运营资金。

2013年2月,双方股东完成本次股权交割手续,IPX公司正式与光迅科技合并,成为其子公司。其中《股权购买协议》于签章之日起生效,交易双方满足该协议项下的交割条件(包括光迅科技应取得国内相关主管部门的批准或备案等)后,本次交易顺利完成交割。

此次并购中,AWG产品是光迅科技的重点目标之一,华为的AWG产品最大供应商是Neo Photonics,因此光迅科技实施并购,可能还意在抗衡NEO公司。对IPX公司的成功收购,使光迅科技真正拥有了掌握高端芯片的制作和研发技术以及海外资源和市场,有助于光迅科技向着世界级光电子企业的目标迈进。

四、并购效果评价

(一)短期绩效分析

运用事件研究法,利用Excel计算光迅科技并购IPX公司窗口期〔-10,15〕内每天的超出收益率AR以及累计超额收益率CAR,具体数据详见表5-1,整个窗口期和不同子窗口的CAR,然后利用SPSS软件对CAR进行异于0的单样本T检验,结果详见表5-2。另外,图5-1也直观反映了光迅科技在窗口期〔-10,15〕内AR和CAR的变化趋势。

表5-1　　窗口期〔-10,15〕内每日的AR和CAR表

项目	AR	CAR
-10	0.0046	0.0046
-9	0.0114	0.0160

续表

项目	AR	CAR
-8	0.0151	0.0311
-7	0.0212	0.0523
-6	0.0038	0.0562
-5	0.0091	0.0653
-4	0.0319	0.0972
-3	-0.0053	0.0920
-2	0.0077	0.0997
-1	0.0295	0.1292
0	-0.0342	0.0950
1	0.0583	0.1532
2	-0.0198	0.1334
3	0.0279	0.1613
4	-0.0137	0.1476
5	0.0032	0.1508
6	-0.0054	0.1454
7	0.0448	0.1902
8	-0.0173	0.1729
9	0.0136	0.1865
10	0.0222	0.2087
11	-0.0154	0.1933
12	-0.0010	0.1922
13	0.0261	0.2184
14	-0.0022	0.2162
15	-0.0171	0.1991

由表5-1可知，光迅科技在窗口期〔-10，15〕内CAR均为正值，且总体上呈上升趋势，且在第13个交易日达到最大（0.2184）。窗口期〔-10，15〕内AR在公告日后第1个交易日达到最高（0.0583），公告日前绝

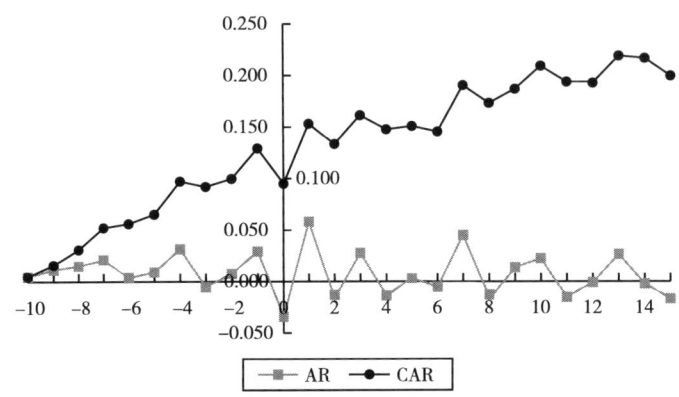

图 5-1　光迅科技窗口期内 AR 和 CAR 的变化趋势图

大多数交易日（9 个交易日为正值，1 个交易日为负值）的 AR 为正值，公告日当天为负值（-0.0342），公告日后的 15 个交易日内有 7 个交易日的 AR 为正值，8 个交易日的 AR 为负值。

表 5-2　不同子窗口的 CAR 及比较均值独立样本 T 检验结果表

项目	CAR	T 值	P 值
[-10, 0]	0.0950***	5.679	0.000
[-10, 5]	0.1508***	7.283	0.000
[-10, 10]	0.2087***	8.770	0.000
[-10, 15]	0.1991***	10.359	0.000
0	0.0950		
[-5, 0]	0.0388***	4.832	0.005
[-5, 5]	0.0946***	6.700	0.000
[-5, 10]	0.1526***	8.168	0.000
[-5, 15]	0.1429***	9.925	0.000
[0, 5]	0.0216	1.126	0.311
[0, 10]	0.0795**	3.156	0.010
[0, 15]	0.0699***	5.142	0.000

注：***、**和*分别代表在1%、5%和10%的水平上显著。

由表 5-2 可知，在并购事件整个窗口期 [-10, 15] 内的 CAR 为 0.1991，且通过了 1% 水平上的显著性检验，其他所有子窗口期的 CAR 也均为正值，且大多数都通过了 1% 水平上的显著性检验。另外，从图 5-1 可以看出，平均超常收益（AR）在公告日前大部分为正值，公告日当天达到最低值，公告日后超过半数为正值，而 CAR 在公告日前就持续走高，在公告日当天略有回落之后，在波动中继续呈现出上升态势。CAR 在公告日前就持续走高的原因可能是由于并购消息被提前泄露，投资者基于利好预期提前介入市场购买股票；而公告日后窗口期 AR 正值的天数减少、CAR 有波动迹象可能是由于被并购方 IPX 公司 2009~2011 年连续三年亏损，投资者预计并购对外部盈利影响有限；CAR 在公告日后整体依旧呈现上升态势则说明并购对股价产生正向影响，可能是因为近几年来，市场的无源器件价格起伏较大，2012 年甚至遭受价格"滑铁卢"，并购成为利润空间不断被压缩趋势中的一个转机。因此投资者对于光迅科技并购 IPX 公司这项并购事件总体上仍持乐观态度，抱有利好的预期。

（二）长期绩效分析

本章依据申银万国二级行业分类标准（2014），找到光迅科技所在通信行业下的通信设备二级行业，选取了含光迅科技（002281）、世纪鼎利（300050）和烽火通信（600498）等在内的同行业上市公司为比较样本（共101 家），并将比较样本公司并购前三年至并购完成后六年（2009~2018 年）衡量盈利能力、营运能力、偿债能力和发展能力的主要财务指标数据导出，求出同行业比较样本公司均值并与光迅科技进行横向和纵向比较分析。其中财务指标数据来源于 Wind 资讯数据库，均值计算及图表分析均用 EXCEL 完成。

1. 基于财务指标的长期绩效分析

运用财务指标分析法，分别从盈利能力、营运能力、偿债能力和发展能力四个方面，并从纵向和横向两个视角对光迅科技自身（2009~2018 年）以及和其同行业比较样本公司同期主要财务指标均值分别进行比较分析。由并购过程回顾可知，光迅科技并购 IPX 公司的所有手续完成是在 2013 年 2 月，考虑年度绩效比较问题。因此，本章就把 2012 年视为并购完成当年。

（1）盈利能力分析

盈利能力是从收益角度评价企业在正常经营情况下的获利能力，常用衡量指标主要有销售毛利率、净资产收益率和市盈率等。光迅科技并购 IPX

公司是为了快速获取技术、提高市场占有率和促进产品销售，为更加直观地反映此次并购在盈利方面带来的成效，本章选择销售毛利率、销售净利率和净资产收益率三个指标来分析光迅科技自并购完成前三年至并购后六年（2009~2018年）的盈利能力情况。

①纵向对比分析

光迅科技并购完成前三年至并购后六年（2009~2018年）的三项盈利能力指标如表5-3所示，变化趋势如图5-2所示。

表5-3　　　　　　　　盈利能力指标表

项目	销售毛利率（%）	销售净利率（%）	净资产收益率（%）
2009年	31.58	14.26	17.27
2010年	28.25	13.87	12.81
2011年	25.05	10.09	10.40
2012年	20.76	7.62	12.33
2013年	21.82	7.67	10.36
2014年	22.59	5.92	7.12
2015年	25.69	7.75	9.67
2016年	21.90	6.75	10.39
2017年	20.83	7.19	11.28
2018年	19.82	6.28	10.26

数据来源：Wind金融终端数据库。

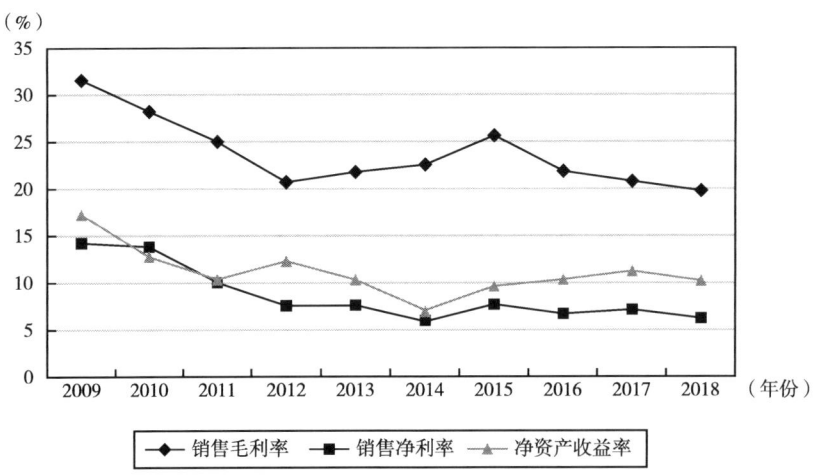

图5-2　盈利能力变化趋势图

由表 5-3 和图 5-2 可以发现，销售毛利率与销售净利率在并购前三年均呈逐年下降趋势，这主要有两个原因：一是此期间全球光器件市场较为低迷，光迅科技的产品存在积压，出现增量不增收的状况；二是并购前光迅科技均是以租赁厂房的形式进行生产，其产业园建设相关支出以及完工搬迁费用较多，净利润被进一步压缩，导致光迅科技获利较少。而在 2012 年并购完成后，光迅科技的销售毛利率明显上升，在 2015 年达到最高点 25.69% 后开始走低，销售净利率则整体较为平稳，从长期上看，波动中有所下降。通过观察年报发现，2013 年两项指标的好转主要是来自销售收入的显著增长，且销售收入在 2013~2015 年连续三年明显增加，这说明光迅科技销售状况得到了改善，市场占有率逐渐提升，其产品的竞争力增强，销售的获利能力也逐渐提升。2016 年销售毛利率的走低是由于市场需求减少，而光迅科技产品的安全库存较高，供过于求导致高成本产品的销售压力较大，获利减少。但销售净利率的下降则主要是由于并购后销售费用和管理费用的增加所致：2014 年的回落是由于当年费用率较高且营业外收入大幅减少；2015 年上升的原因是受益于产品销售结构改变，市场需求旺盛；最后三年的走低一方面是受市场需求影响，另一方面则是股权激励摊销和组织架构调整等导致高额期间费用。期间费用增加对销售净利率的负面影响说明，此次并购没有产生明显的规模经济效应。并购前三年到并购完成后两年，净资产收益率呈现逐渐走低的态势，但从 2014 年开始，净资产收益率稳中有升。净资产收益率在并购前三年的变化是因销售收入不抵成本，税后利润降低带来的，而并购完成后两年的下降则是因为并购带来净资产和企业内部整合成本的增加，2014 年以后净资产收益率的上升说明，光迅科技并购后的整合基本完毕，经营效率和管理能力都逐渐得到提升，资产利用率提高，运营效益和投资收益水平有所增强。

那么，光迅科技在并购前后各项指标的变化是否是行业因素的变化所导致的呢？接下来，将通过横向对比分析对此作进一步分析。

②横向对比分析

光迅科技并购完成前三年至并购后六年（2009~2018 年）与同行业上市公司销售毛利率、销售净利率均值的对比如表 5-4 和表 5-5 所示，变化趋势对比如图 5-3、图 5-4 所示。

表 5-4　　　　　光迅科技与同行业销售毛利率均值对比表

项目	2009 年	2010 年	2011 年	2012 年	2013 年	2014 年	2015 年	2016 年	2017 年	2018 年
光迅科技（%）	31.58	28.25	25.05	20.76	21.82	22.59	25.69	21.90	20.83	19.82
行业均值（%）	29.53	31.51	32.42	32.41	31.63	32.25	31.52	31.03	27.82	26.68

数据来源：Wind 金融终端数据库。

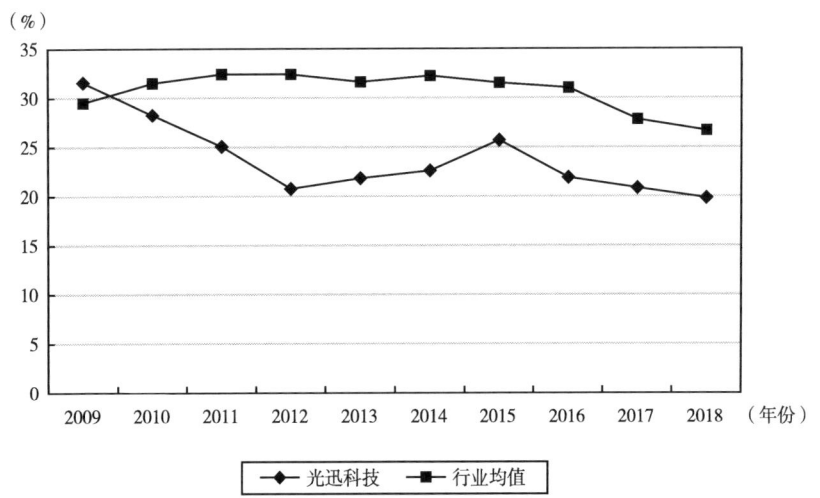

图 5-3　　光迅科技与同行业销售毛利率均值变化趋势图

表 5-5　　　　　光迅科技与同行业销售净利率均值对比表

项目	2009 年	2010 年	2011 年	2012 年	2013 年	2014 年	2015 年	2016 年	2017 年	2018 年
光迅科技（%）	14.26	13.87	10.09	7.62	7.67	5.92	7.75	6.75	7.19	6.28
行业均值（%）	8.37	12.69	9.76	11.99	8.24	10.18	11.02	10.69	-4.17	-7.34

数据来源：Wind 金融终端数据库。

从表 5-4、表 5-5 和图 5-3、图 5-4 中可以看出，并购前，光迅科技的销售毛利率和销售净利率连续三年下降，毛利率与同行业均值相比表现不佳，净利率与同行业均值也相差不大，且在 2012 年低于行业均值，这说明，并购前光迅科技与同行业相比获利能力较弱。在并购后，销售毛利率虽然始终低于同行业均值，但并购后持续三年上升态势，与行业均值差距逐渐减小，2015~2018 年毛利率受到行业影响走低，但总体上受行业负面影响程度

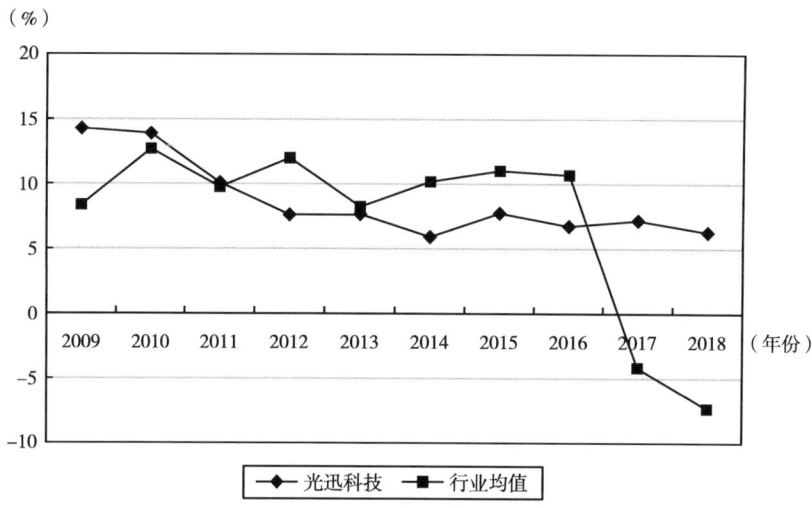

图 5-4　光迅科技与同行业销售净利率均值变化趋势图

小于并购前，光迅科技的销售毛利率指标有一定改善。从销售净利率上看，光迅科技在并购后开始低于同行业均值，在 2017 年、2018 年又高于行业均值。此次并购总体上对销售净利率的提升并不明显，光迅科技获利能力在行业内表现较差。另外，可以发现 2017 年通信设备的行业均值有大幅下滑，且 2018 年持续下滑，这是由于 4G 建设收尾、互联网行业冲击、经济增长放缓导致运营商对通信设备行业投资减少所致，另外，中美贸易战对我国通信巨头中兴、华为等企业的打压也是影响因素之一。

光迅科技并购完成前三年至并购后六年（2009～2018 年）与同行业上市公司净资产收益率的对比如表 5-6 所示，变化趋势对比如图 5-5 所示。

表 5-6　　　　　光迅科技与同行业净资产收益率均值对比表

项目	2009 年	2010 年	2011 年	2012 年	2013 年	2014 年	2015 年	2016 年	2017 年	2018 年
光迅科技（%）	17.27	12.81	10.40	12.33	10.36	7.12	9.67	10.39	11.28	10.26
行业均值（%）	14.91	16.15	14.95	17.06	12.88	14.97	14.97	12.21	6.61	1.57

数据来源：Wind 金融终端数据库。

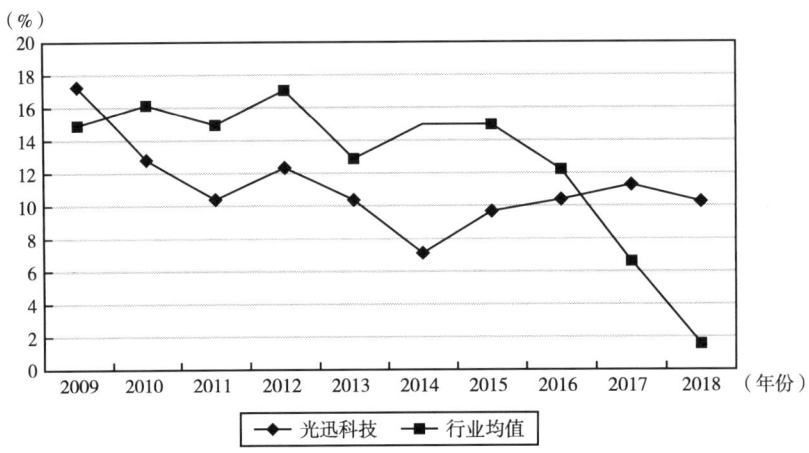

图 5-5　光迅科技与同行业净资产收益率均值变化趋势图

从表 5-6 和图 5-5 中可以看出，光迅科技的净资产收益率在并购前三年基本都低于同行业均值水平，且降幅大于同行业均值，并购当年升幅小于行业均值，而经过并购后两年的整合，其净资产收益率自 2014 年开始明显呈现上升趋势，与行业均值的差距逐渐缩小，并在 2017 年、2018 年的通信设备行业"寒冬"中逆流而上，超过行业均值，获利趋势向好。在净利率低于同行业均值的情况下，净资产收益率依然有所提升，说明并购后光迅科技为股东创造的最终收益变多，公司资产利用率提高，管理层的经营水平和管理能力明显增强。

通过以上三个财务指标对并购前后光迅科技盈利能力的纵向和横向对比分析可以发现，从长期上看，光迅科技并购 IPX 公司在一定程度上实现了产品销售业绩的改善和管理层管理能力的提高，但并购产生的协同效应并不明显，公司获取利润的能力没有得到提升。

(2) 营运能力分析

营运能力是指企业的经营运行能力，即企业运用各项资产获利的能力。常用衡量指标主要有应收账款周转率、流动资产周转率和总资产周转率。为更好地反映光迅科技并购 IPX 公司后企业的资产管理水平变化，本章选取总资产周转率、存货周转率和应收账款周转率三个主要指标来分析其自并购完成前三年至并购后六年（2009~2018 年）的营运能力情况。

①纵向对比分析

光迅科技自并购完成前三年至并购后六年（2009~2018 年）的三项营

运能力指标如表 5-7 所示，变化趋势如图 5-6 所示。

表 5-7　　　　　　　　　营运能力指标表

项目	总资产周转率（次）	存货周转率（次）	应收账款周转率（次）
2009 年	0.79	2.39	5.87
2010 年	0.67	2.05	7.18
2011 年	0.72	2.25	5.64
2012 年	1.02	3.65	4.50
2013 年	0.83	2.83	3.66
2014 年	0.78	2.73	4.61
2015 年	0.81	2.46	5.26
2016 年	0.90	2.59	6.02
2017 年	0.91	2.82	4.87
2018 年	0.88	2.99	3.55

数据来源：Wind 金融终端数据库。

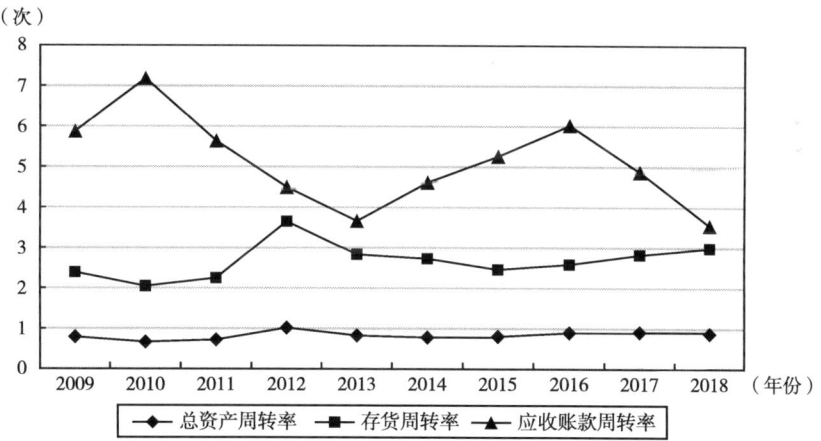

图 5-6　营运能力变化趋势图

由表 5-7 和图 5-6 可以发现，总资产周转率在并购前三年保持在 0.6~0.8 次，在并购当年达到最高点 1.02 次，此后整体运行较为平稳，保持在 0.8~0.9 次，相对并购前有所提升，因而此次并购提高了光迅科技的销售能力和资产管理水平。从存货周转率上看，并购前三年大体呈上升趋势，在并购当年达到最高点 3.65 次后连续三年下降，这是由于光迅科技在产品销售上主要采取客户端库存寄售等销售方式，而 2013 年以来 4G 建设火热，通信设备市场需求比较旺盛。因此，一方面，实际在库产品包含许多已被订购的部分;另一方面,为保证及时交付,光迅科技备货量增加,而预先入库存货成本又比较高,在先进先出法下,存货周转率就比较高,而在最后三年又逐年上升,也印证了上一章的分析,即市场需求减少,存货储备量减少,因此存货的流动性相对变强。受经济下行影响,光迅科技并购前三年的应收账款周转率由5.87次下降到4.50次,并购完成后第一年该指标的下降是由于本年收回已计提坏账准备的应收账款,销售收入增速小于应收账款减速。此后三年内,该指标逐年提升,应收账款回收速度有所提高,这说明并购后由于市场的开拓,信用值较高的客户数量或订单数额有一定增长,而最后两年该指标连续下降的原因可能与行业因素有关。

为探究行业因素是否对光迅科技的营运能力产生影响,下面将通过横向对比分析对此作进一步研究。

②横向对比分析

光迅科技并购完成前三年至并购后六年（2009~2018年）与同行业上市公司的总资产周转率均值的对比如表5-8所示,变化趋势对比如图5-7所示。

表5-8　　　　光迅科技与同行业总资产周转率均值对比表

项目	2009年	2010年	2011年	2012年	2013年	2014年	2015年	2016年	2017年	2018年
光迅科技（次）	0.79	0.67	0.72	1.02	0.83	0.78	0.81	0.90	0.91	0.88
行业均值（次）	0.88	0.77	0.79	0.83	0.82	0.84	0.82	0.78	0.72	0.65

数据来源：Wind金融终端数据库。

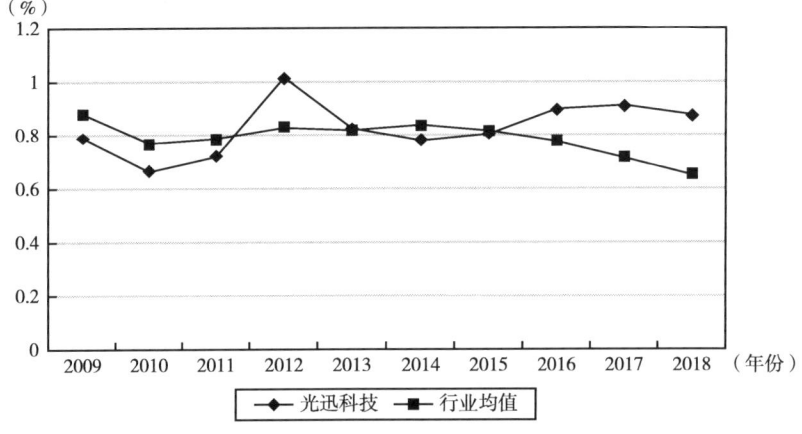

图5-7　光迅科技与同行业总资产周转率均值变化趋势图

从表 5-8 和图 5-7 中可以看出，光迅科技的总资产周转率在并购前大多低于行业均值，并购完成后的三年内总体略低于行业均值，这可能是因为并购还处于整合阶段，合并后总资产增加，闲置资产还未得到充分利用。但不难发现，自 2014 年开始，总资产周转率的行业均值便连年持续走低，而光迅科技却开始呈逐年上升态势，并在 2016 年超过行业均值，2016~2018 年都保持在 0.9 左右，这说明，长期来看，该指标在并购后有所改善，光迅科技的总资产利用效率提高了。

光迅科技并购完成前三年至并购后六年（2009~2018 年）与同行业上市公司的存货周转率均值的对比如表 5-9 所示，变化趋势对比如图 5-8 所示。

表 5-9　　　　　光迅科技与同行业存货周转率均值对比表

项目	2009 年	2010 年	2011 年	2012 年	2013 年	2014 年	2015 年	2016 年	2017 年	2018 年
光迅科技（次）	2.39	2.05	2.25	3.65	2.83	2.73	2.46	2.59	2.82	2.99
行业均值（次）	6.71	7.39	8.49	10.04	7.65	7.36	8.40	13.01	21.06	14.92

数据来源：Wind 金融终端数据库。

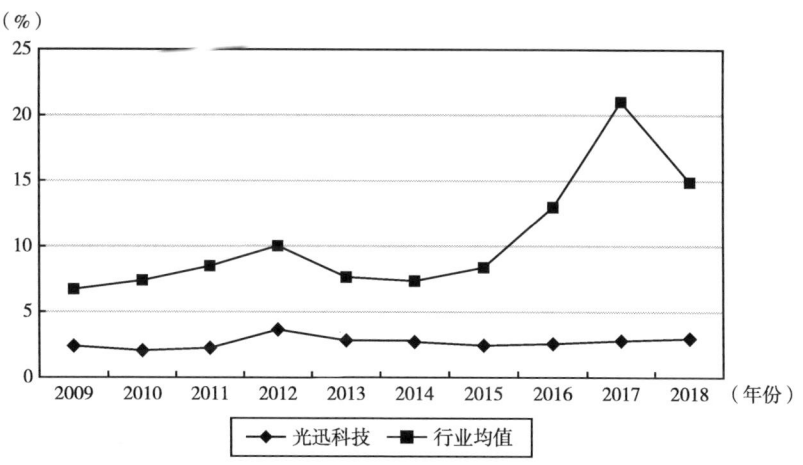

图 5-8　光迅科技与同行业存货周转率均值变化趋势图

从表 5-9 和图 5-8 中可以看出，并购前后，光迅科技的存货周转率始终远低于行业均值，并购前略有增长，在并购当年达到最大值 3.65 次，并购后六年均保持在 2~3 次范围内波动，由此可见，并购并没有为光迅科技带来存货周转率的提升。而这也表明，光迅科技的存货周转速度与同行业相比还很慢，存货积压风险较高，如果市场供需走势预测不准确，便容易出现存货占用资金，导致资金运营效率降低的状况，这也与光迅科技采取客户端库存寄售、工程类销售的销售方式有很大关系。

光迅科技并购完成前三年至并购后六年（2009~2018年）与同行业上市公司的应收账款周转率均值的对比如表5-10所示，变化趋势对比如图5-9所示。

表5-10　　　光迅科技与同行业应收账款周转率均值对比表

项目	2009年	2010年	2011年	2012年	2013年	2014年	2015年	2016年	2017年	2018年
光迅科技（次）	5.87	7.18	5.64	4.50	3.66	4.61	5.26	6.02	4.87	3.55
行业均值（次）	6.20	7.04	5.38	6.41	4.93	5.19	10.04	4.41	4.26	3.84

数据来源：Wind金融终端数据库。

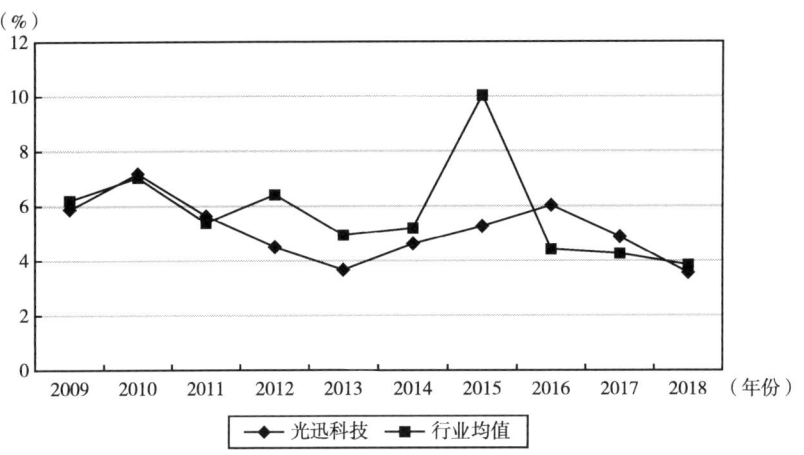

图5-9　光迅科技与同行业应收账款周转率均值变化趋势图

从表5-10和图5-9中可以看出，并购前三年光迅科技的应收账款周转率次数与走势与同行业均值差异很小，经过并购完成后两年的整合，从2013年开始，光迅科技的应收账款周转率开始逐渐提升，但仍与行业均值有一定差距，2016年虽然开始赶超行业均值，但由于行业低迷、主要客户受经济环境制约等原因，2016~2018年该指标又逐渐走低，且降幅大于同行业均值。由此可以看出，并购并没有明显提高光迅科技的收账效率。光迅科技的整体收账速度较慢，应收账款占用了运营资金，导致资金利用率较低，这可能也与光迅科技长期赊销的销售方式、较为宽松的客户信用政策有关。

通过以上三个财务指标对并购前后光迅科技营运能力的纵向和横向对比分析可以发现，从长期上看，并购IPX公司提高了光迅科技的总资产利用效率，但对于存货和应收账款的管理水平并没有明显提升作用。总体而言，此次并购对光迅科技营运能力的提高并不显著。

（3）偿债能力分析

偿债能力是指企业以资产偿还短期负债和长期负债的能力。常用衡量指标主要有流动比率、速动比率和现金比率，由于并购可能会导致企业现金流出，从而影响其偿债能力，而光迅科技又是采取自有资金进行此次并购，因此，为准确反映光迅科技并购后企业的偿债能力变化，本章选取现金比率、流动比率和资产负债率三个主要指标来分析光迅科技自并购完成前三年至并购后六年（2009~2018年）的偿债能力情况。

①纵向对比分析

光迅科技并购完成前三年至并购后六年（2009~2018年）的三项偿债能力指标如表5-11所示，变化趋势如图5-10、图5-11所示。

表5-11　　　　　　　　偿债能力指标表

项目	现金比率	流动比率	资产负债率（%）
2009年	2.43	3.75	27.14
2010年	1.63	2.92	28.75
2011年	1.10	2.41	31.22
2012年	0.69	2.01	41.01
2013年	0.87	2.17	36.77
2014年	1.23	2.56	33.72
2015年	0.75	2.45	37.04
2016年	0.99	2.32	39.51
2017年	0.82	2.23	38.60
2018年	0.60	1.90	43.32

数据来源：Wind金融终端数据库。

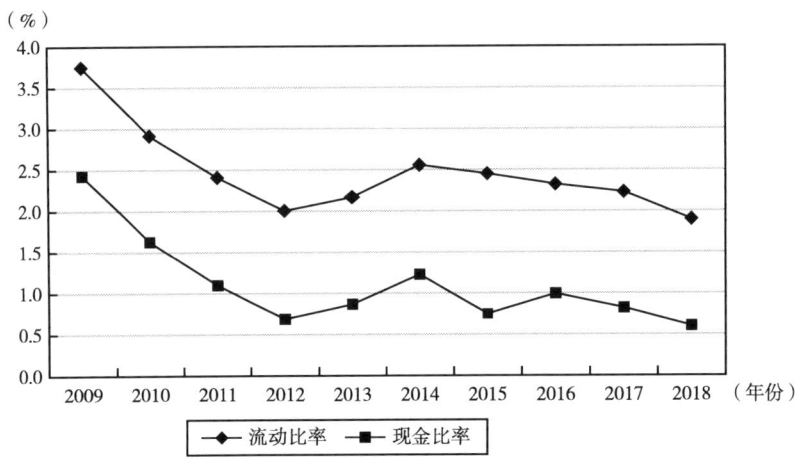

图 5-10 现金比率、流动比率变化趋势图

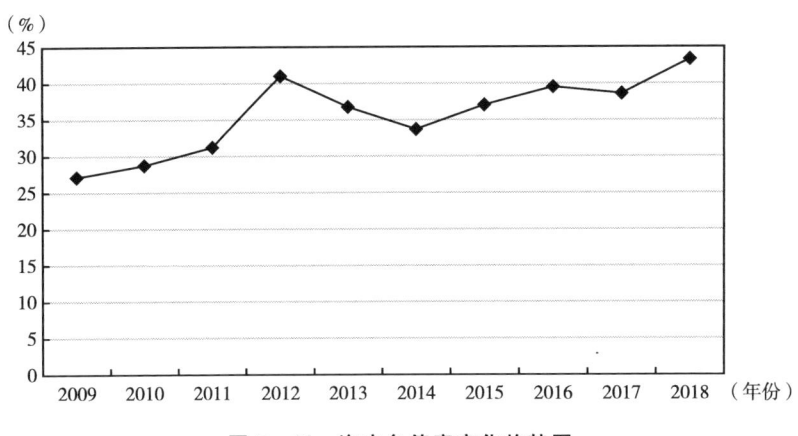

图 5-11 资产负债率变化趋势图

由表 5-11 和图 5-10、图 5-11 可以发现，并购前三年，光迅科技的现金比率和流动比率均呈逐年下降的趋势，且在并购当年分别降到 0.69 和 2.01。一方面是由于光迅科技刚上市不久，还处于成长初期，其投资项目不断增加，如 2010 年于美国设立公司、2011 年停牌筹划募投项目以及 2012 年并购 IPX 公司等，且这一系列事件的出资费用均以自有资金结算，因而流动资产中的货币资金减少；另一方面，银行代付进口货款等短期借款以及工程尾款等应付款项增加，导致流动负债增多，因而该两项指标明显下降。同一期间，资产负债率逐年上升，主要是由于光迅科技短期借款增多所致，财务

风险相应提高。而并购完成后两年,现金比率和流动比率有所上升,资产负债率下降,这主要由于近两年货币资金大幅增加所致。可以发现,光迅科技在并购后的短期内偿债能力不仅没有因 IPX 公司亏损而降低,反而有一定提升,通过并购 IPX 公司采用的自有资金结算方式也可以看出光迅科技近两年现金流较为充足。但是,从 2014 年开始,光迅科技的现金比率大体走低,流动比率也开始逐年下降,资产负债率则由 33.72% 上升到 2018 年的 43.32%,光迅科技的负债压力变大,财务风险提高。通过观察年报发现,并购后期偿债能力的减弱原因主要来自光迅科技自身资产负债的支配状况。2015 年现金比率降低是由于光迅科技以闲置资金购买理财产品所致。此外,三项指标的变化主要来自负债增加,负债的一部分源自限制性股票的发行,另一部分则是短期借款和应付款项的明显增多。限制性股票的发行,是出于留住核心人才目的而采取的股权激励措施,而短期借款和应付款项的增多,是由于光迅科技凭借其在光通信行业的较高地位和较好盈利能力,多次采取信用证贷款或向银行借款的方式向供应商支付原材料货款,而将闲置资金投入公司的营运和理财中,提高货币资金利用率。但总体来说,并购 IPX 公司并未降低光迅科技的偿债能力。

为确认光迅科技并购后偿债能力的变化是否与行业因素无关,下面将通过横向对比分析对此作进一步研究。

②横向对比分析

光迅科技并购完成前三年至并购后六年(2009～2018 年)与同行业上市公司的现金比率、流动比率均值的对比如表 5-12、表 5-13 所示,变化趋势对比如图 5-12、图 5-13 所示。

表 5-12　　　　光迅科技与同行业现金比率均值对比表

项目	2009 年	2010 年	2011 年	2012 年	2013 年	2014 年	2015 年	2016 年	2017 年	2018 年
光迅科技	2.43	1.63	1.10	0.69	0.87	1.23	0.75	0.99	0.82	0.60
行业均值	1.66	1.85	1.78	1.73	1.30	1.03	1.04	1.20	1.17	0.90

数据来源:Wind 金融终端数据库。

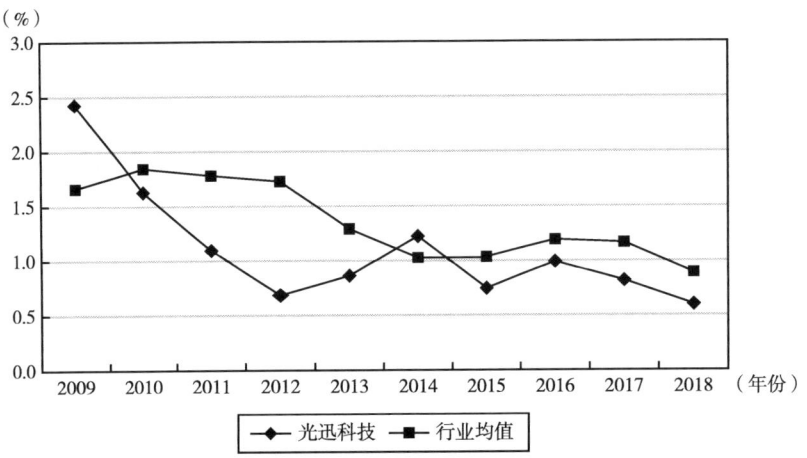

图5-12　光迅科技与同行业现金比率均值变化趋势图

表5-13　　　　　　光迅科技与同行业流动比率均值对比表

项目	2009年	2010年	2011年	2012年	2013年	2014年	2015年	2016年	2017年	2018年
光迅科技	3.75	2.92	2.41	2.01	2.17	2.56	2.45	2.32	2.23	1.90
行业均值	2.90	3.22	3.43	3.45	2.91	2.64	2.70	2.91	3.10	2.64

数据来源：Wind金融终端数据库。

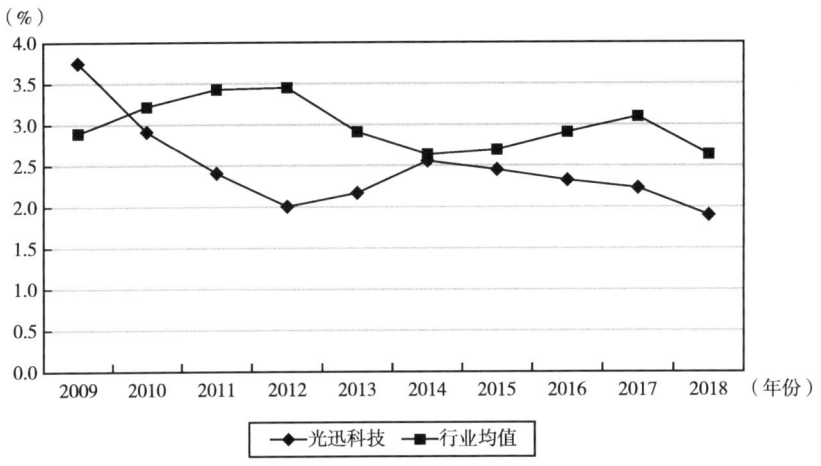

图5-13　光迅科技与同行业流动比率均值变化趋势图

从表5-12、表5-13和图5-12、图5-13中可以看出，并购前三年，现金比率同行业均值整体较为稳定，流动比率同行业均值缓慢上升，而光迅科技的该两项指标均呈持续下降趋势且大体低于同行业均值，在并购当年，光迅科技与同行业均值差距达到最大，不难看出，光迅科技在并购前的短期偿债能力明显差于同行业。在并购完成后两年，光迅科技的该两项指标均逆行业下行形势走高，且现金比率在2014年反超同行业均值达到最高点1.23，这说明此次并购明显增强了光迅科技的短期偿债能力。2014年以后，光迅科技的现金比率和同行业均值都有所下降，且光迅科技表现差于同行业；其流动比率逐渐低于同行业均值，但与同行业走势相反，该两项指标说明光迅科技并购后期的财务风险有所增加，但此表现与行业和自身资产负债的支配状况有关，而非并购所致。

光迅科技并购完成前三年至并购后六年（2009~2018年）与同行业上市公司的资产负债率均值的对比如表5-14所示，变化趋势对比如图5-14所示。

表 5-14　　　　　光迅科技与同行业资产负债率均值对比表

项目	2009年	2010年	2011年	2012年	2013年	2014年	2015年	2016年	2017年	2018年
光迅科技（%）	27.14	28.75	31.22	41.01	36.77	33.72	37.04	39.51	38.60	43.32
行业均值（%）	44.06	39.64	40.91	39.07	40.75	40.76	38.64	36.69	37.38	40.63

数据来源：Wind金融终端数据库。

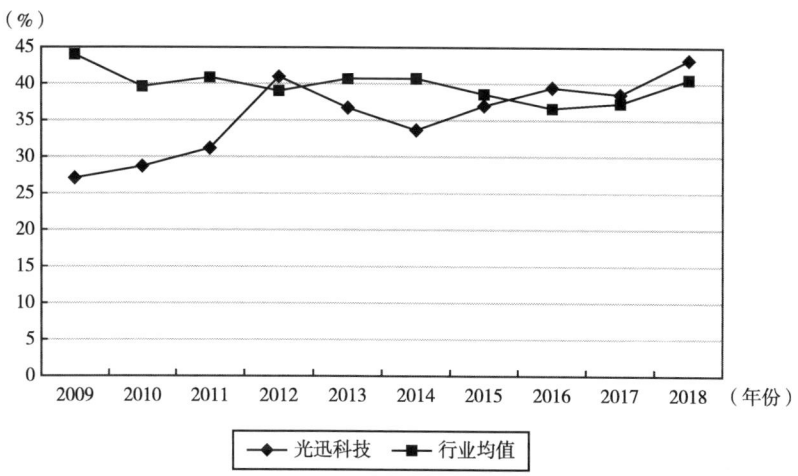

图 5-14　光迅科技与同行业资产负债率均值变化趋势图

从表 5-14 和图 5-14 中可以看出，并购前三年，光迅科技的资产负债率相对同行业均值较低，偿债风险相对较小。并购完成后两年，光迅科技资产负债率有所下降，但依然低于同行业均值，这说明并购 IPX 公司并未减弱光迅科技的长期偿债能力。自 2014 年开始，虽然光迅科技的资产负债率逐渐提高，但相较同行业均值差距较小，后期略高于均值，但仍在合理范围内。可以推测，光迅科技是出于扩大经营规模等考虑，倾向于负债经营，以此提高资金利用效率。

通过以上三个财务指标对并购前后光迅科技偿债能力的纵向和横向对比分析可以发现，从短期上看，并购 IPX 公司对于光迅科技的偿债能力有一定改善，但从长期上看，光迅科技的偿债能力有所减弱，这说明此次并购对光迅科技偿债能力的影响并不大，偿债能力还受到了其他因素的影响。

（4）发展能力分析

发展能力是指企业在正常经营的基础上，扩大规模和壮大实力的潜在能力。常用衡量指标有营业收入增长率、总资产增长率和技术投入比率，光迅科技并购 IPX 公司的目的主要是实现技术协同、扩大市场份额和提高企业效益，因此本章选取一个传统指标（技术投入比率）和两个特色指标（海外销售增长率[①]、海外销售收入占比[②]）三个指标来分析光迅科技并购完成前三年至并购后六年（2009~2018 年）的发展能力。

①纵向对比分析

光迅科技并购完成前三年至并购后六年（2009~2018 年）的三项发展能力指标如表 5-15 所示，变化趋势如图 5-15、图 5-16、图 5-17 所示。

表 5-15　　　　　　　　　发展能力指标表

项目	技术投入比率（%）	海外销售增长率（%）	海外销售收入占比（%）
2009 年	无[a]	无	33.22
2010 年	7.60	12.53	29.87
2011 年	9.07	-20.82	19.53
2012 年	8.98	162.02	26.93

① 海外销售增长率：本年海外业务收入增长额同上年海外业务收入总额之比。
② 海外销售收入占比：海外业务收入占营业收入的比率。

续表

项目	技术投入比率（%）	海外销售增长率（%）	海外销售收入占比（%）
2013 年	10.03	-4.26	25.43
2014 年	9.93	20.07	26.77
2015 年	9.81	8.46	22.50
2016 年	8.50	17.70	20.48
2017 年	8.94	37.89	25.18
2018 年	9.30	53.05	35.60

数据来源：Wind 金融终端数据库。

注：a. 2009 年光迅科技年报显示，研发支出计入管理费用，因此该年度技术投入比率无法计算。

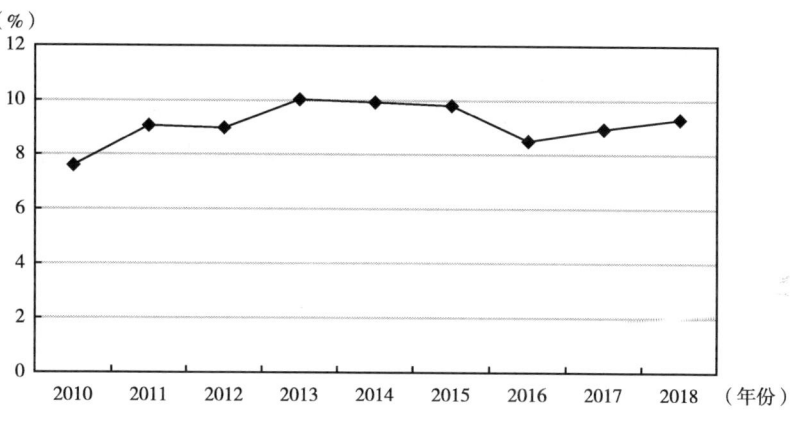

图 5-15 技术投入比率变化趋势图

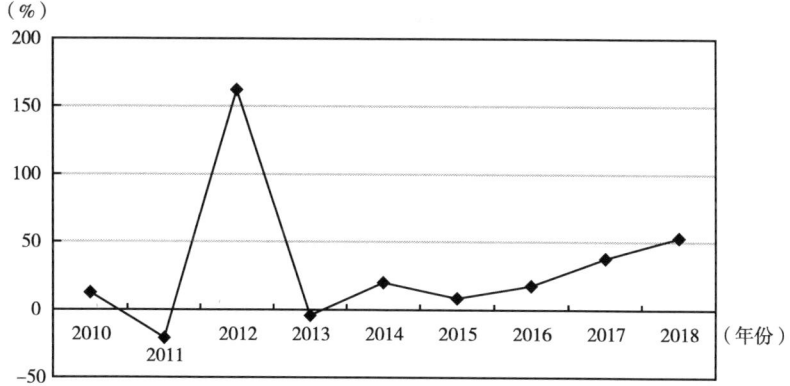

图 5-16 海外销售增长率变化趋势图

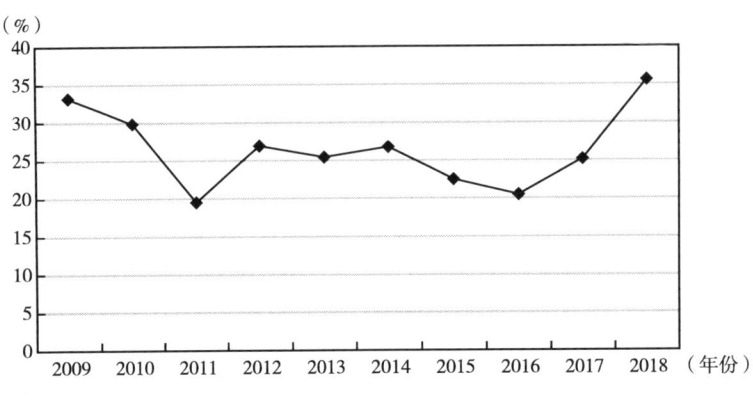

图 5-17 海外销售收入占比变化趋势图

由表 5-15、图 5-15、图 5-16 及图 5-17 可以发现，光迅科技的技术投入比率在并购前两年逐年增长，并购完成后一年达到最大值 10.03% 后便缓慢走低，虽然在 2017 年和 2018 年有所回升，但仍低于最大值。从短期上看，光迅科技并购后技术协同效应有一定提升；但从长期上看，光迅科技对技术创新投入的增加并不持续，这会导致其发展受限，竞争优势发挥不足。海外销售增长率在 2011 年呈下降态势，2012 年大幅增长后回落，并购后又逐步走高，而海外销售收入占比在并购前三年持续走低，经过 2012 年的增长后平稳波动，从 2016 年起又开始大幅增长。其中 2012 年两项指标的大幅增长是由于欧债危机以及欧盟通信机构的管制政策对欧洲运营商负面影响明显，而光迅科技全球布局逐渐完善，在国际市场中脱颖而出，海外重点客户市场占有率大幅提升，合同额和销售额创历史最高。并购后光迅科技的海外销售增长率逐渐走高，海外销售收入占比也在波动中有所上升，可以发现，海外销售收入表现整体优于并购前，且海外销售收入对营业收入的贡献率有所提升，这说明光迅科技的海外销售收入对公司收入的影响逐步扩大，海外市场开拓较为成功，其品牌影响力增强。

为探究光迅科技的发展能力指标变化是否是行业因素所为，下面通过横向对比分析对此作进一步分析。

②横向对比分析

光迅科技并购完成前三年至并购后六年（2009~2018 年）与同行业上市公司的技术投入比率、海外销售增长率和海外销售收入占比均值的对比如表 5-16、表 5-17、表 5-18 所示，变化趋势对比如图 5-18、图 5-19 和图 5-20 所示。

表 5-16　　　光迅科技与同行业技术投入比率均值对比表

项目	2010年	2011年	2012年	2013年	2014年	2015年	2016年	2017年	2018年
光迅科技（%）	7.60	9.07	8.98	10.03	9.93	9.81	8.50	8.94	9.30
同行业均值（%）	8.47	7.61	8.18	7.47	7.69	8.23	7.97	7.42	7.32

数据来源：Wind 金融终端数据库。

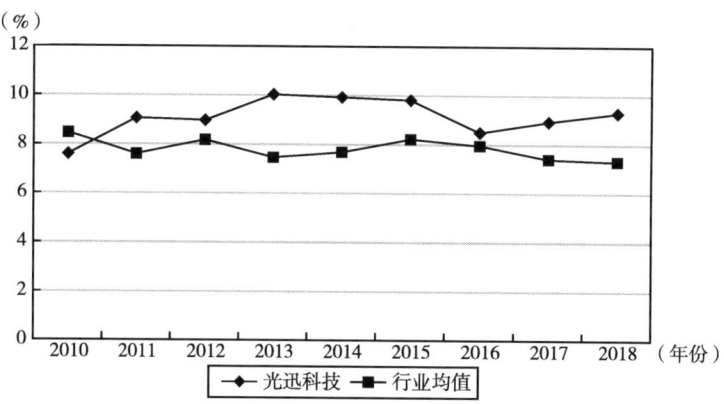

图 5-18　光迅科技与同行业技术投入比率均值变化趋势图

表 5-17　　　光迅科技与同行业海外销售增长率均值对比表

项目	2010年	2011年	2012年	2013年	2014年	2015年	2016年	2017年	2018年
光迅科技（%）	12.53	-20.82	162.02	-4.26	20.07	8.46	17.70	37.89	53.05
同行业均值（%）	22.31	-10.44	-15.71	-15.38	17.65	16.48	-0.56	15.94	-3.53

数据来源：Wind 金融终端数据库。

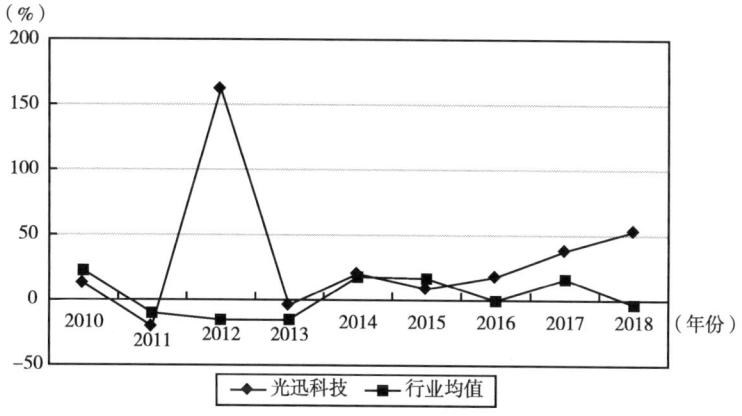

图 5-19　光迅科技与同行业海外销售增长率均值变化趋势图

表 5-18　　　光迅科技与同行业海外销售收入占比均值对比表

项目	2009 年	2010 年	2011 年	2012 年	2013 年	2014 年	2015 年	2016 年	2017 年	2018 年
光迅科技（%）	33.22	29.87	19.53	26.93	25.43	26.77	22.50	20.48	25.18	35.60
同行业均值（%）	54.03	56.32	53.67	47.10	41.84	42.65	40.53	34.35	32.93	30.41

数据来源：Wind 金融终端数据库。

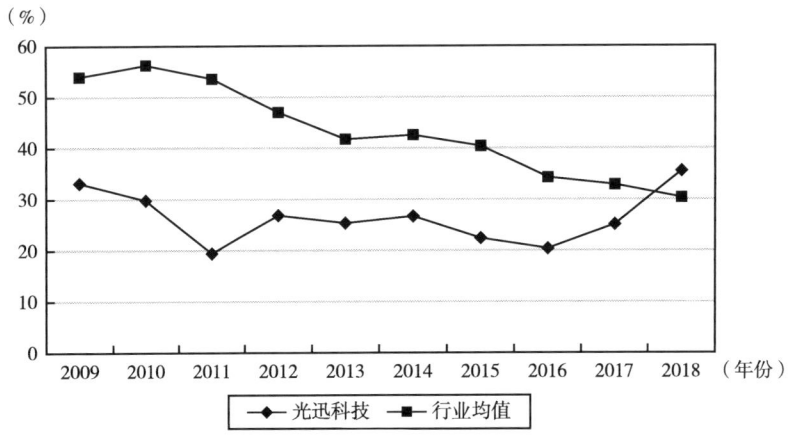

图 5-20　光迅科技与同行业海外销售收入占比均值变化趋势图

从表 5-16、表 5-17、表 5-18 和图 5-18、图 5-19、图 5-20 中可以看出，并购前两年，光迅科技的技术投入比率与同行业均值差距较小，且 2010 年低于同行业均值，而并购完成后一年该指标有所提升，且后期均高于同行业均值。总体来看，光迅科技在技术创新投入上高于同行业水平，研发新技术和新工艺方面在业内占有竞争优势。海外销售增长率在并购前均低于同行业均值，而并购完成后三年与同行业均值差距逐渐减小，且在 2015 年以后反超同行业水平，持逐年上升态势。这说明光迅科技并购后海外市场占有率逐年提高，产品竞争力和品牌影响力不断增强。海外销售收入占比在并购前三年，无论是数值还是走势，表现都差于同行业均值水平，并购完成后的四年内，虽然受到行业走低影响，但降幅基本小于行业水平，且从 2016 年开始，海外销售收入占比逆行业下滑趋势攀升到 2018 年的最高点 35.60%，超过同行业均值。这说明，光迅科技产品销售对海外地区的依赖程度越来越高，海外销售收入对于公司营业收入的贡献度相较同行业上市公司更大，并购后光迅科技的海外销售取得了良好成效。

通过以上三个财务指标对并购前后光迅科技发展能力的纵向和横向对比分析可以发现,并购 IPX 公司提高了光迅科技的产品竞争力、品牌影响力和海外市场占有率,发展潜力得到一定程度的挖掘,但其技术创新优势发挥不够充分,长期上看,光迅科技还需注重增强公司技术的创新协同。

2. 基于非财务指标的长期绩效分析

非财务指标法是指无法用财务数据计算的指标来评价企业绩效的一种评价方法。由于非财务指标能评估企业的价值和发展潜力,因此在分析并购长期绩效时,常被用于企业经营状况和前景分析。

对企业非财务绩效的评价主要包括三个方面:经营、客户和员工。鉴于光迅科技属于通信设备制造业,对技术创新要求较高,且此次并购的战略目标又是开拓市场、获取技术和提升产品竞争力,因此为更好地反映光迅科技并购前后的绩效变化,本章对光迅科技 2009～2018 年的市场份额、创新能力、人才质量和产品结构四个方面的变化进行补充分析,以此能够更加全面评价此次并购对光迅科技长期绩效的影响。

(1)市场份额

根据光迅科技并购 IPX 公司的动因分析,可以得知此次并购的主要目的之一就是开拓国际市场,提高产品竞争力,因此市场份额的变化情况是衡量并购绩效的一个重要指标,市场份额越高,竞争力越强。由于光迅科技在 2009 年中旬才上市,上市当年进行市场份额对比有失偏颇。因此本章选取并购完成前后共九年(2010～2018 年)光迅科技的市场份额全球排名来反映其绩效变化,如表 5-19 所示。

表 5-19　　　　　　　　并购前后市场份额全球排名表

年份	2010 年	2011 年	2012 年	2013 年	2014 年	2015 年	2016 年	2017 年	2018 年
全球排名	11	11	11	6	6	6	5	4	4

数据来源:美国 OVUM 咨询机构。

从表 5-19 可以看出,光迅科技在并购前两年以及并购当年,市场份额全球排名较为靠后,而并购后第一年,光迅科技的市场份额全球排名便直接上升到第六位,且在后期年度不断上升,在 2018 年跻身全球前四。据光迅科技年报显示，全球市场份额由并购前的3%左右扩大到2018年的7.3%，市场份额显著提升。这说明，并购IPX公司使光迅科技成功开拓了海外市场，产品的海外竞争力明显提升，品牌的影响力也不断增强。

(2) 创新能力

光迅科技隶属光通信行业，该类高新企业主要以创新能力为核心竞争力，而创新和研发成效与企业申请专利情况密切相关。因此本章通过并购完成前后光迅科技的专利数量及构成来分析此次并购对光迅科技创新能力的影响，并购前后（2009~2018年）其专利情况详见表5-20。

表5-20　　　　　　　　　并购前后专利数量及构成表

项目	2009年	2010年	2011年	2012年	2013年	2014年	2015年	2016年	2017年	2018年
发明专利（个）	9	15	14	24	33	38	54	91	61	90
实用新型（个）	7	8	11	15	12	12	14	8	15	22
外观设计（个）	0	0	0	0	0	1	0	0	1	4
授权专利（个）	15	21	22	34	43	41	56	70	52	42
专利合计（个）	16	23	25	39	45	51	68	99	87	116

数据来源：国家知识产权局。

由表5-20可知，从专利数量上看，并购前，光迅科技的合计专利数每年仅在20个左右徘徊，而并购IPX公司后专利数量明显增加，每年的增加数也基本呈逐年上涨态势。同时，并购后的授权专利数也有所上升，其中2017年和2018年下降的原因主要是光迅科技的专利主体类型即发明专利需要3~5年的授权时间，因此审批流程还未结束。从专利构成上看，发明专利在三种专利类型中占比最大，且并购后比重相较并购前更大，并购后其他两类专利也相较并购前增多。可以发现，并购后光迅科技的专利数量持续增加，对于审核严格、技术水平要求高且市场总体授权率较低的发明专利，光迅科技在并购完成后三年也表现出较高的获批率。此外，并购前三年，光迅科技在研发方面获奖情况较少，且基本为省级和市级奖项，而并购完成后第一年，光迅科技便获得含国家技术发明二等奖在内的7个研发奖项，后期年度，光迅科技陆续斩获国家知识产权局、省政府、中国通信学会等颁发的中国专利奖、中国标准创新贡献奖等多个荣誉奖项。由此看出，在并购IPX公司后，光迅科技的研发和创新能力明显增强。

(3) 人才质量

人力是企业经营的重要资源之一，其中人才素质又对企业发展的速度和质量起着关键作用。并购后光迅科技为实现开拓海外市场、塑造知名品牌等战略目标，是否会对人才质量提出新的要求？由于并购前后时间跨度较长，为更加直观地体现光迅科技人才质量的变化，本章根据 2009~2018 年的年报数据，将大学本科及以上学历的员工占比作为衡量指标，分析光迅科技并购前后人力素质水平的提升程度，变化趋势见图 5-21。

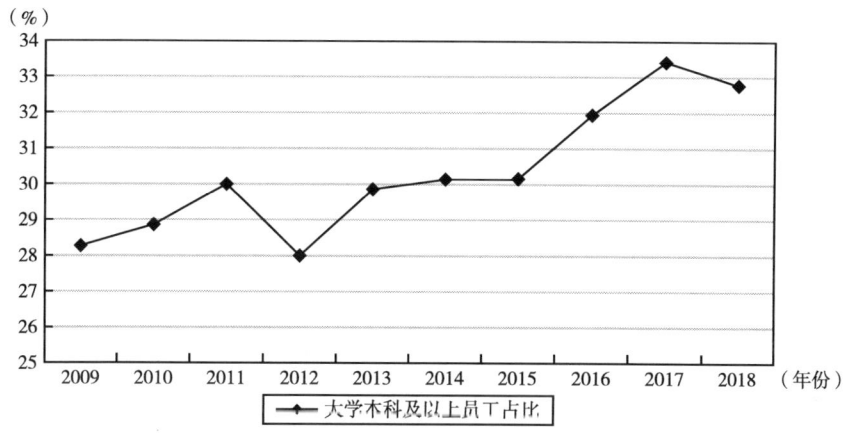

图 5-21 大学本科及以上学历的员工占比图

由图 5-21 可见，并购前三年光迅科技的大学本科及以上学历员工占比均低于 30%，且在 2012 年有所下跌，而并购后该指标总体呈上升趋势，且在并购后第一年明显提高。另外，2013 年和 2017 年光迅科技年报的员工构成模块中，分别首次增加了研究生和博士分类。这说明，并购后光迅科技员工的人才质量逐渐提高，这对于光迅科技的经营管理水平以及研发创新能力都有促进作用。

(4) 产品结构

光迅科技并购 IPX 公司的动因之一就是提升技术协同创新能力，通过并购快速获取技术，完善产业链发展，实现产品升级。因此产品结构可以作为衡量此次并购绩效的关键指标。通过观察年报发现，在并购前三年，光迅科技的主要产品包括光纤放大器、DWDM、光连接器等光器件产品，且直接分为两类，即子系统产品和光无源器件产品；而并购后，光迅科技的主要产品增加了光模块及其他光有源和无源器件，同时在10Gbps/100Gbps长跨距、光线路保护、分光放大以及传感类方面也提供了解决方案，而其主营业务产品则不再仅以产品自身进行分类，而是以应用领域作为标准进行分类，分为传输类产品、接入类产品以及数据通信类产品等。这说明光迅科技在并购后，技术协同创新能力有所提升，产品种类更加丰富，产品结构进一步优化，产业链更加完整，此次并购实现了产品升级的战略目标。

五、主要研究结论

本章在简要介绍光迅科技和IPX公司并购双方基本概况、并购过程以及分析并购动因的基础上，重点运用事件研究法分析了广大投资者对光迅科技并购IPX公司的预期和态度，并运用财务指标法及非财务指标法全面比较分析了并购IPX公司对光迅科技长期绩效的影响。

通过事件研究法分析发现：在光迅科技并购IPX公司事件整个窗口期〔-10，15〕内的CAR为0.1991，且通过了1%水平上的显著性检验，其他所有子窗口期的CAR也均为正值，且大多数都通过了1%水平上的显著性检验。此结果表明，短期内广大投资者对光迅科技并购IPX公司的未来发展前景充满信心。

通过财务指标分析法分析表明：（1）从盈利能力上看，光迅科技并购IPX公司后，在一定程度上实现了产品销售业绩的改善和管理层管理能力的提高，但预期并购产生的协同效应并不明显，公司盈利能力并没有得到提升；（2）从营运能力上看，光迅科技并购IPX公司后，提高了总资产利用效率，而对于存货和应收账款的管理水平并没有得到明显提升，总体而言，此次并购对光迅科技营运能力的提高并不显著；（3）从偿债能力上看，光迅科技并购IPX公司后，短期偿债能力有所改善，但长期偿债能力较并购前有所减弱。总体而言，此次并购对光迅科技的偿债能力影响不大；（4）从发展能力上看，光迅科技并购IPX公司后，提高了产品竞争力、品牌影响力和海外市场占有率，发展潜力得到一定程度的挖掘，但技术协同创新优势发挥不够充分。

通过非财务指标分析法分析表明：光迅科技并购IPX公司后，海外市场得到了拓展，产品的海外竞争力明显提升，品牌的影响力也不断增强。公司的研发和创新能力明显增强。公司的人才质量逐渐提高，这对于公司的经营管理水平以及研发创新能力都有促进作用。产品种类更加丰富，产品结构进一步优化，产业链更加完整，实现了产品升级的战略目标。

总之，光迅科技并购 IPX 公司扩大了产品海外销售市场，创新能力得到了明显加强，公司竞争力得到了显著提升。就研究结果看，对其长期绩效有提升作用非常有限，技术协同创新的优势还有待进一步发挥。此次并购基本实现了其预期战略目标。

第六章

湖北上市国有企业跨境并购案例分析之三：襄阳轴承并购波兰 KFLT 公司

襄阳汽车轴承股份有限公司（公司简称：襄阳轴承；股票代码：000678）为加快国际化进程、改善全球供应链和扩展产品线，从而提升公司核心竞争力，2013 年 3 月 28 日，《襄阳汽车轴承股份有限公司重大资产重组进展公告》（公告编号：2013－017 号）称公司正在筹划收购事项，标的公司 KFLT 位于波兰。2013 年 8 月 5 日，KFLT 公司在其股东名册中将工业发展局替换为襄阳轴承的全资子公司襄轴卢森堡，本次重大资产购买的对价支付以及资产过户手续全部办理完毕，并购完成。广大投资者对襄阳轴承并购波兰 KFLT 公司究竟持何种态度？襄阳轴承并购波兰 KFLT 公司的目的是否达到？跨境并购对其业绩究竟产生了怎样影响？本章将通过事件研究法和财务指标以及非财务指标法对其进行全面分析，以期能准确回答上述问题。

一、并购双方概况

（一）并购方概况

1992 年 12 月 29 日，湖北省体改委下发"鄂改〔1992〕57 号"文，批准将襄阳汽车轴承集团公司所属襄阳轴承厂改组为襄阳汽车轴承（集团）股份有限公司，以定向募集方式设立，注册资本为人民币 20818.24 万元。经大信会计师事务所验字第 93426 号验资报告确认。1993 年 5 月 6 日，湖北省工商行政管理局核准襄阳汽车轴承（集团）股份有限公司成立。1994 年 6 月 24 日，湖北省体改委下发"鄂改生〔1994〕206 号"《关于襄阳汽车轴承（集团）股份有限公司更改名称的批复》，同意襄阳汽车轴承（集团）股份有限公司更名为"襄阳汽车轴承股份有限公司"。

1996 年 12 月 18 日，经证监会《关于襄阳汽车轴承股份有限公司申请公开发行股票的批复》（证监会发字〔1996〕403 号）同意，襄阳轴承向社会公开发行面值为人民币 1 元的人民币普通股 1527.96 万股并向深圳证券交易所申请上市。

2009 年 4 月 16 日，湖北省国资委、襄樊市人民政府、三环集团、襄轴集团共同签署了《三环集团公司、襄阳汽车轴承集团公司重组协议书》。2009 年 5 月 26 日，湖北省人民政府以鄂政函〔2009〕123 号文对本次权益变动予以批准，同意将襄轴集团 95%的国有股权由襄樊市国资委无偿划转给三环集团。2009 年 8 月 11 日，国家国资委以国资产权〔2009〕665 号《关于襄阳汽车轴承股份有限公司实际控制人变更有关问题的批复》，同意本次襄轴集团股权划转，自此襄阳轴承的资产重组正式完成。股权划转后襄轴集团成为二环集团的控股子公司，湖北省国资委成为实际控制人。三环集团公司是公司控股股东，直接持有公司 29.83%的股份，另外，还通过襄轴集团持有公司 19.24%的股份。三环集团公司又是湖北省人民政府国有企业资产监督管理委员会的独资公司（简称湖北省国资委）。湖北省国资委是襄阳汽车轴承股份有限公司的实际控制人。

襄阳汽车轴承股份有限公司的经营范围：货物进出口、技术进出口（国家禁止或限制进出口的货物和技术除外）；制造销售轴承及零部件、汽车零部件、机电设备、轴承设备及备件、模具磨料、油石砂轮；承揽机械工业基础设计、轴承工程设计、设备安装及维修；电气修理；设备安装及装饰装潢业务；技术咨询、技术转让、劳动服务。批零兼营汽车（不含九座及以下品牌乘用车）、金属材料、化工原料及产品（不含化学危险品）、电器电料、办公用品、五金交电、百货；服装加工业。

(二) 目标方概况

Fabryka Łożysk Tocznych – Krasośnik Spółka Akcyjna 公司（简称 KFLT 公司）前身成立于 20 世纪 30 年代后期，主要生产军火弹药；1939~1944 年德国占领波兰期间，公司前身工厂被德国用作修理军用设备；1948 年 9 月 15 日，在波兰克拉希尼克（Kraśnik）设立名为"Kraośnicka Fabryka Wyrobów Metalowych"的生产轴承的国有企业；1952 年 Kraśnicka Fabryka Wyrobów Metalowych 存续分立，分立出的企业名为"Zakłady Metalowe Kraśnik"，主要生产炮弹；1953 年 Kraśnicka Fabryka Wyrobów Metalowych 与 Zakłady Metalowe Kraśnik 合并，合并后的企业名称为 Kraśnicka Fabryka Wyrobów Metalowych，生产轴承和炮弹；1969 年 Kraśnicka Fabryka Wyrobów Metalowych 成为一家位于波兰凯尔采（Kielce）名为"Kombinat Przemysłu Łożysk Tocznych Prema FLT"企业的分支企业；1975 年，Kombinat Przemysłu Łożysk Tocznych Prema FLT 的部分资产为基础，在 Kraśnik 设立了一家独立名为"Fabryka Łosysk Tocznych im. Mariana Buczka"的国有企业，新企业主要生产滚动轴承和军用设备。

1982 年 Fabryka Łożysk Tocznych im. Mariana Buczka 获得军事工业企业的法律地位；1983 年 Fabryka Łożysk Tocznych im. Mariana Buczka 获得国民经济关键企业的法律地位；1990 年 Fabryka Łożysk Tocznych im. Mariana Buczka 更名为"Fabryka Łożysk Tocznych w Kraźniku"；1995 年 Fabryka Łosysk Tocznych w Kraśniku 在注册法院完成改制为股份制公司的登记手续，即 FLT 公司。

由于改制前波兰国库部拥有 Fabryka Łożysk Tocznych w Kraśniku，因此，其拥有改制后 FLT100% 股权。2012 年，波兰工业发展局以授予公共补助的形式向公司完成增资，公司股权结构由国库部持有 100% 的股份变更为波兰工业发展局持有 27.6% 的股份，国库部持有 72.4% 的股份。2012 年，波兰国库部将其持有的公司股份注资到波兰工业发展局，注资完成后，波兰工业发展局持有 KFLT 公司 89.15% 的股份。

KFLT 公司经营范围：不同的品种的球轴承、圆锥滚子轴承和圆柱滚子轴承的研发、生产和销售；主轴与管件，锻件，冷冲压件生产和由生产及辅助部门提供的广泛服务。

二、并购动因分析

(一) 加快公司国际化进程

襄阳轴承在轴承等产品出口方面进行了大量努力，2006年被商务部、发改委批准为"国家汽车及零部件出口基地企业"。2012年，公司的产品出口销售金额占总销售金额的比例接近20%。公司将"进一步进军国际市场、逐步实现国际化"作为今后的主要发展目标之一。

KFLT公司在轴承行业拥有60余年的经验，熟悉欧洲市场，同时拥有一定数量的优秀管理和技术人才。本次收购有利于公司加快进军欧美市场，实现国际化经营布局，同时取得更多国际运作经验。并以本次收购作为起点，推动公司逐步强化国际化运营，从而在未来的国际竞争中占得优势。

本次跨境并购是襄阳轴承国际化战略的重大布局，公司拟借助本次并购机会，了解国际市场环境、法律环境和经营环境等，借助中介机构力量丰富公司国际经验，本次并购将大大加快襄阳轴承的国际化进程。

(二) 扩展公司产品线

襄阳轴承的主要产品为轴承和万向节，主要应用于汽车行业；KFLT公司的轴承产品除应用于汽车行业外，还广泛应用于采矿设备、铁路车辆、冶金机械、农业机械等领域。通过本次并购，公司除在汽车行业可以产品互补外，在其他行业的产品线将实现较大增加，公司将从中国专业轴承生产企业升级为国际化综合轴承生产企业。

(三) 改善公司全球供应链

KFLT公司的轴承产品主要为出口，主要客户包括德国、法国和意大利等欧洲发达国家的众多优质客户。KFLT公司拥有波兰轴承产品约8%的市场份额，位列第五，同时也是波兰本土最大的滚动轴承制造企业，拥有完善的研发体系、高素质的员工队伍和优良的生产工艺，并在大型轴承等领域具有突出优势。而襄阳轴承作为国内知名汽车轴承制造商，在国内拥有较高知名度。本次并购完成后，两者可以实现原材料供应链、客户资源和技术资源共享，提高双方技术工艺水平，实现全球采购，降低生产成本，扩大公司整体营业规模，经营实力和抗风险能力得到增强。

三、并购过程回顾

2013年3月28日，《襄阳汽车轴承股份有限公司重大资产重组进展公告》（公告编号：2013-017号）称，公司于2013年2月21日披露了《襄阳汽车轴承股份有限公司董事会关于重大资产重组停牌公告》，公司正在筹划收购事项，标的公司位于波兰，根据公司初步调查，本次交易构成重大资产重组，经公司申请，公司股票从2013年2月22日开市起停牌。

2013年5月17日，《襄阳汽车轴承股份有限公司重大资产重组进展公告》（公告编号：2013-033号）称，各中介机构尽职调查工作已基本完成，相关文件正在准备中，公司拟于近期召开董事会审议相关事项。

2013年5月20日，公司召开了第五届董事会第十三次会议，审议通过了本次交易相关事宜。

2013年5月23日，湖北省发展和改革委员会做出《省发展改革委员会关于襄阳汽车轴承股份有限公司收购波兰克拉希尼克滚动轴承股份有限公司部分股权项目的批复》（鄂发改审批〔2013〕444号），同意襄阳轴承收购标的公司89.5%的股权。

2013年6月8日，湖北省国资委做出《省国资委关于襄阳汽车轴承股份有限公司重大资产购买方案的批复》（鄂国资发展〔2013〕110号），同意本次重大资产购买的整体方案，并同意三环集团与上市公司签署《盈利预测补偿协议》。

2013年6月11日，波兰工业发展局的股东大会审议通过本次交易事项。

2013年6月13日，公司召开2013年第二次临时股东大会，审议通过了有关本次交易的议案。

2013年7月11日,证监会核准了本次交易。

2013年7月16日,标的公司章程的修订获得了波兰国库部的书面同意;标的公司获得了相关金融机构和商业伙伴关于本次交易事项的同意。

2013年8月1日,波兰竞争与消费者保护局在对本次交易进行反垄断调查后,批准了本次交易。至此,交易双方在《股份出售义务协议》中所约定的关于缔结《股份转让协议》的全部先决条件已经满足。

2013年8月2日,交易双方签订了《股份转让协议》,并于当日完成了款项支付和股份证书的交付。

2013年8月5日,标的公司在其股东名册中将工业发展局替换为襄轴卢森堡,本次重大资产购买的对价支付以及资产过户的手续全部办理完毕。

四、并购效果评价

(一) 短期绩效分析

运用事件研究法,利用 Excel 计算襄阳轴承并购 KFLT 公司窗口期〔-10,15〕内每天的超出收益率 AR 以及累计超额收益率 CAR,具体数据详见表 6-1。利用 SPSS 软件对并购事件整个窗口期和不同子窗口的 CAR 进行异于 0 的单样本 T 检验,结果详见表 6-2。另外,图 6-1 也直观反映了襄阳轴承在窗口期〔-10,15〕内 AR 和 CAR 的变化趋势。

表 6-1　　　　窗口期〔-10,15〕内每日的 AR 和 CAR 表

项目	AR	CAR
-10	-0.0136	-0.0136
-9	-0.0007	-0.0143
-8	0.0307	0.0163
-7	-0.0110	0.0053
-6	0.0003	0.0057
-5	-0.0020	0.0036

续表

项目	AR	CAR
-4	0.0239	0.0275
-3	0.0435	0.0710
-2	0.0294	0.1004
-1	0.0275	0.1279
0	0.1002	0.2281
1	0.0888	0.3169
2	-0.0239	0.2930
3	-0.0082	0.2848
4	-0.0508	0.2340
5	0.0027	0.2367
6	-0.0149	0.2218
7	0.0068	0.2287
8	0.0333	0.2620
9	-0.0025	0.2595
10	-0.0320	0.2275
11	0.0584	0.2859
12	-0.0359	0.2500
13	-0.0075	0.2425
14	0.0119	0.2544
15	-0.0042	0.2502

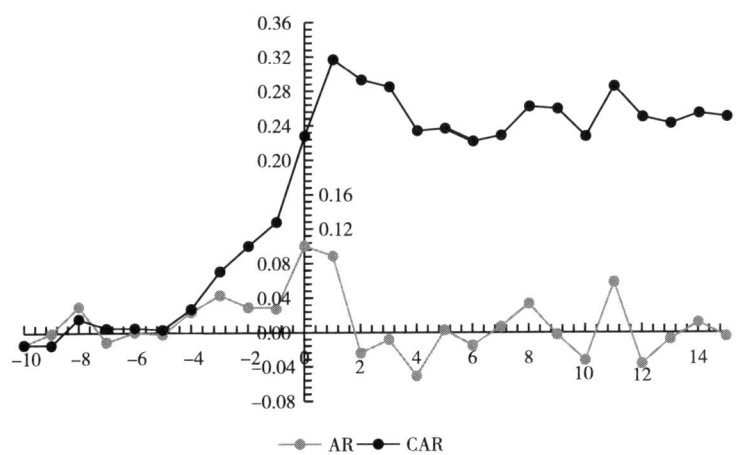

图6-1 襄阳轴承窗口期内AR和CAR的变化趋势图

由表 6-1 可知，超常收益（AR）在公告日当天达到最高值，为 0.1002。窗口期内的累计超常收益（CAR）大多数为正值，且在公告日后第 1 个交易日达到最大值（0.3169）。同时，结合图 6-1，CAR 在公告日前呈现上升趋势，特别是在公告日前一天增长迅速，主要原因在于：襄阳轴承公司宣布 2013 年 5 月 22 日复牌，基于投资者预期理论和有效市场理论，所以公告日前一天 CAR 增长较快，说明投资者对其持有良好的心态。

另外，公告日后窗口期内 AR 正值天数逐渐少于负值天数、CAR 在公告日后 7 个工作日内呈现平稳下降趋势，主要原因有：2013 年 5 月 22 日公司接连发布了《重大资产购买报告书》，并披露了相关财务报表，由于公司相关盈利能力并未得到有效提升，所以投资者预计并购对外部盈利影响有限，进而使 CAR 波动下降。由于公司于 2013 年 5 月 28 日召集了关于购买重大资产的股东大会，使得投资者加强了对其并购行为的信心，进而公告日后第 7 个交易日起 CAR 转而呈现上升趋势，但 CAR 在整体中呈现波动上升趋势，并于第 1 个交易日达到最大值，为 0.3169，说明投资者对于襄阳轴承并购波兰 KFLT 轴承公司这项并购事件总体上仍持乐观态度，抱有美好预期。

表 6-2　不同窗口期的 CAR 及比较均值独立样本 T 检验结果表

项目	CAR	T 值	P 值
[-10, 0]	0.2281**	2.234	0.05
[-10, 5]	0.2367***	3.866	0.002
[-10, 10]	0.2275***	5.678	0.000
[-10, 15]	0.2502***	7.451	0.000
0	0.2281		
[-5, 0]	0.2225**	2.666	0.045
[-5, 5]	0.2311***	5.002	0.001
[-5, 10]	0.2219***	7.795	0.000
[-5, 15]	0.2445***	10.546	0.000
[0, 5]	0.1089***	9.023	0.000
[0, 10]	0.0996***	13.043	0.000
[0, 15]	0.1223***	18.373	0.000

注：***、**和*分别代表在 1%、5% 和 10% 的水平上显著。

由表 6-2 可知，在并购事件整个窗口期〔-10, 15〕内的 CAR 为 0.2502，且通过了 1% 水平上的显著性检验。在所有子窗口期内的累计超常收益 CAR 均为正值，除子窗口〔-5, 0〕和〔-10, 0〕的 CAR 仅通过了 5% 水平上的显著性检验以外，其他子窗口期内的 CAR 均都通过了 1% 水平上的显著性检验。此结果表明广大投资者非常看好襄阳轴承的这项跨境并购。

（二）长期绩效分析

依据申银万国二级行业分类标准（2014），本章找到襄阳轴承所在汽车行业下的汽车零部件二级行业，选取了含潍柴动力（000338）和万向钱潮（000559）等在内的同行业上市公司为比较样本（共 128 家），并将比较样本公司并购前三年至并购完成后五年（2010~2018 年）衡量盈利能力、营运能力、偿债能力和发展能力的主要财务指标数据导出，求出同行业比较样本公司均值并与襄阳轴承进行横向和纵向比较分析。其中，财务指标数据来源于 Wind 金融终端数据库，均值计算及图表分析均运用 EXCEL 完成。

1. 基于财务指标的长期绩效分析

运用财务指标分析法，分别从盈利能力、营运能力、偿债能力和发展能力四个方面，并从纵向和横向两个视角对襄阳轴承自身（2010~2018 年）以及和其同行业比较样本公司同期主要财务指标均值分别进行比较分析，以此全面评价此次跨境并购对襄阳轴承长期绩效的影响。

（1）盈利能力分析

盈利能力是从收益角度评价企业在正常经营情况下的获利能力，常用衡量指标主要有销售毛利率、净资产收益率和市盈率。襄阳轴承并购 FLT 公司是为了快速获取技术、寻求新的利润点和提高市场占有率，为更加直观地反映此次并购在盈利方面带来的成效，本章选择销售毛利率、销售净利率和净资产收益率三个指标来分析襄阳轴承自并购完成前三年至并购后五年（2010~2018 年）的盈利能力情况。

①纵向对比分析

襄阳轴承并购完成前三年至并购后五年（2010~2018年）的三项盈利能力指标如表6-3所示，变化趋势如图6-2所示。

表6-3　　　　　　　　　盈利能力指标表

项目	销售毛利率（%）	销售净利率（%）	净资产收益率（%）
2010年	17.35	3.23	5.19
2011年	15.59	2.96	5.03
2012年	14.03	0.73	0.93
2013年	12.05	0.45	0.40
2014年	13.17	0.61	0.59
2015年	8.45	-5.91	-7.72
2016年	11.24	1.19	1.06
2017年	11.81	0.93	0.94
2018年	9.00	-3.76	-4.90

数据来源：Wind金融终端数据库。

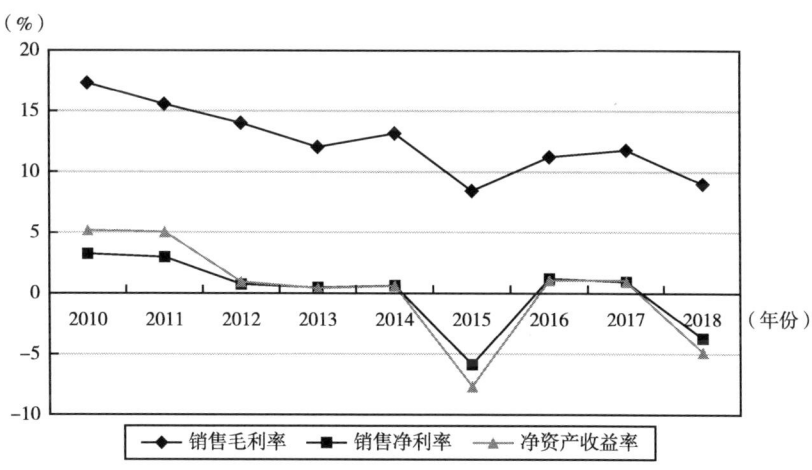

图6-2　盈利能力变化趋势图

由表6-3和图6-2可以发现，销售毛利率、销售净利率和净资产收益率在并购前后的九年间变化趋势基本保持一致。销售毛利率在并购前三年呈逐年下降趋势，这主要是因为原材料钢材及外购件价格大幅上涨，造成一定的采购压力，成本上升导致毛利受到一定影响。并购后第一年的销售毛利率短暂上升，在并购后第二年再次下降，随后两年逐年上升后在并购后第五年再次回落。2015年出现销售毛利率、销售净利率和净资产收益率均大幅下降，分别达到九年间的最低点，甚至销售净利率和净资产收益率出现负值，其原因主要是公司工业园建设搬迁和"一江两岸"生产影响，相关的支出和搬迁费用较多，净利润在一定程度上有所压缩，导致襄阳轴承获利较少。2016年和2017年销售毛利率均呈上升趋势，主要得益于公司主动调整产品销售结构，将客户结构向优质客户转变，资源配置向高利润产品转化。继两年保持持续上升趋势之后，2018年襄阳轴承销售毛利率、销售净利率和净资产收益率出现回落，一方面是因为原材料钢材价格上涨，另一方面则是因为公司新工业园建成搬迁后新老厂区固定成本及相关费用增加，导致生产成本上升进而使得产品毛利率下降。就长期来看，并购前公司获利能力逐年下降，并购后有所改善，虽然在2015年和2018年受市场影响有所波动，但一改并购前逐年下降的趋势，说明并购后公司的经营效率日益改善，业绩水平不再持续走低。

襄阳轴承在并购前后各项指标的变化是否是行业因素的变化所导致的呢？接下来，将通过横向对比分析对此作进一步分析。

②横向对比分析

襄阳轴承并购完成前三年至并购后五年（2010~2018年）与同行业上市公司销售毛利率、销售净利率均值的对比如表6-4和表6-5所示，变化趋势对比如图6-3、图6-4示。

表6-4　　　　　　襄阳轴承与同行业销售毛利率均值对比表

项目	2010年	2011年	2012年	2013年	2014年	2015年	2016年	2017年	2018年
襄阳轴承（%）	17.35	15.59	14.03	12.05	13.17	8.45	11.24	11.81	9.00
行业均值（%）	25.95	26.72	26.71	27.67	28.26	28.18	28.87	27.52	25.12

数据来源：Wind金融终端数据库。

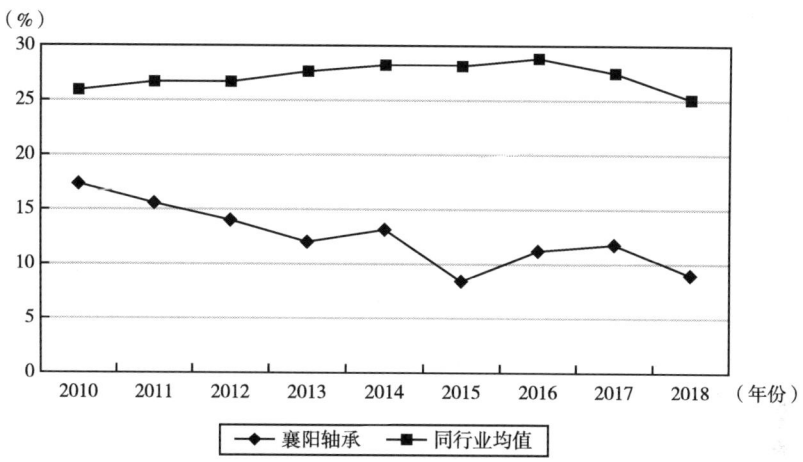

图 6-3 襄阳轴承与同行业销售毛利率均值变化趋势图

表 6-5　　　　　襄阳轴承与同行业销售净利率均值对比表

项目	2010 年	2011 年	2012 年	2013 年	2014 年	2015 年	2016 年	2017 年	2018 年
襄阳轴承（%）	3.23	2.96	0.73	0.45	0.61	-5.91	1.19	0.93	-3.76
行业均值（%）	13.12	12.45	10.63	10.11	11.60	11.24	12.10	11.34	7.32

数据来源：Wind 金融终端数据库。

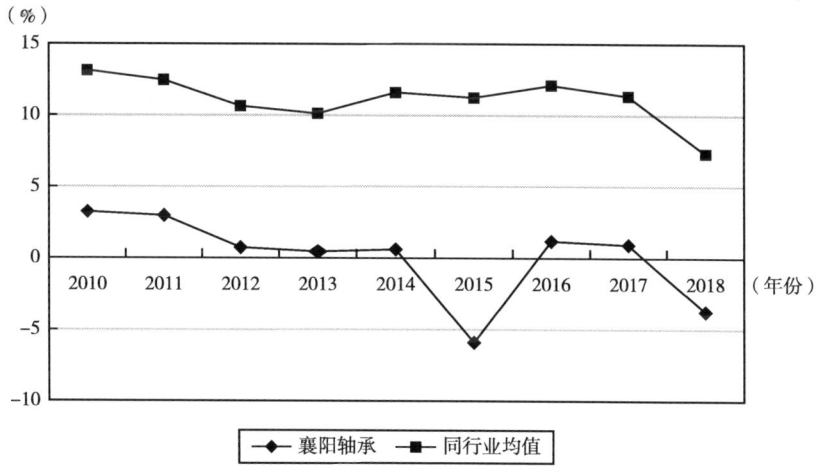

图 6-4　襄阳轴承与同行业销售净利率均值变化趋势图

从表 6-4、表 6-5 和图 6-3 图 6-4 中可以看出，襄阳轴承的销售毛利率水平和销售净利率水平远远低于汽车零部件行业均值水平，这说明襄阳轴承与同行业相比获利能力较弱。销售毛利率的行业均值九年内稳定在25%～29%，而襄阳轴承并购前在行业整体获利水平呈上升趋势的情况下逐年下降，并购后与行业均值水平的差距有所减小。并购当年营业收入降低主要是受到核心产品轴承销量下降影响，同时公司海外市场业务也大幅下滑。2015年由于国内外宏观经济形势趋紧，汽车行业增长放缓，产品需求下滑、市场竞争日趋激烈，公司生产经营成本及资金成本上升，公司面临比较严峻的经营挑战，且工业园的建设造成相关固定成本大幅上升，导致获利能力大幅下降，随后又在2016年扭转局势，缩小与行业均值水平的差距，并与行业均值水平变化趋势逐渐一致。就整体来看，此次并购对并购后第一年的业绩影响较大，但总体上对销售毛利率和销售净利率的提升效果并不明显，襄阳轴承的这两个财务指标与行业均值相差较大，其获利能力在行业内表现并不理想。另外，可以发现一向稳定波动的销售毛利率和销售净利率行业均值在2016年后开始出现下降趋势，主要是由于刺激政策导致的需求透支，同时关税下调、消费者对刺激政策再次出台的预期以及部分地区提前实施带来的观望情绪对汽车零部件行业终端需求造成一定负面影响。

襄阳轴承并购完成前三年至并购后五年（2010～2018年）与同行业上市公司净资产收益率的对比如表6-6所示，变化趋势对比如图6-5所示。

表6-6　　襄阳轴承与同行业净资产收益率均值对比表

项目	2010年	2011年	2012年	2013年	2014年	2015年	2016年	2017年	2018年
襄阳轴承（%）	5.19	5.03	0.93	0.40	0.59	-7.72	1.06	0.94	-4.90
行业均值（%）	22.40	16.57	14.82	15.31	17.01	14.84	13.17	12.20	7.70

数据来源：Wind金融终端数据库。

从表6-6和图6-5中可以看出，襄阳轴承的净资产收益率在并购前三年低于同行业均值水平，且在并购前一年大幅下降，并购当年波动迅速变小，下降趋势明显缓解。其中2015年由于工业园建设搬迁、"一江两岸"生产影响，导致业绩下滑，相关成本税费及财务费用上升进一步降低资产利用

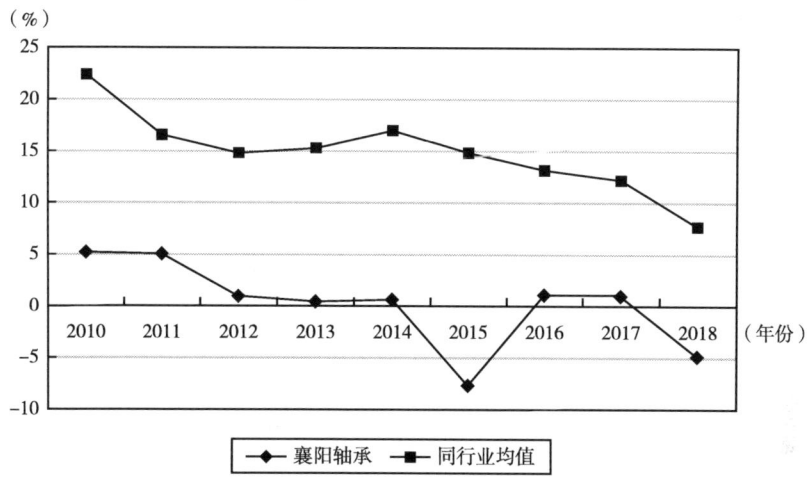

图 6-5 襄阳轴承与同行业净资产收益率均值变化趋势图

率,致使 2015 年的净资产收益率一度降到 -7.72%。经过并购后两年的整合,于 2016 年开始趋势向好,不仅弥补了 2015 年因为公司工业园建设带来的负面影响,还迅速扭负为正,上升到了 1.06%。在 2017 年整个行业下行的大背景下,降幅显著小于汽车零部件行业均值,与行业均值的差距也在逐渐缩小,整个获利能力有所提升。在销售毛利率和销售净利率都低于行业均值水平的情况下,净资产收益率与同行业均值水平的差距逐年缩小,这说明并购后襄阳轴承为股东创造的最终收益较并购前增多,公司资产利用率有所提高,管理层的经营水平在一定程度上有所改善,管理能力日渐增强。

通过以上三个财务指标对并购前后襄阳轴承盈利能力的纵向和横向对比分析可以发现,从长期上看,襄阳轴承并购 FLT 公司在一定程度上实现了改善了并购前持续下降的盈利能力,对并购后的公司业绩产生一定影响,但并购产生的协同效应并不明显,公司获取利润的能力没有得到巨大的提升。

(2) 营运能力分析

营运能力是指企业的经营运行能力,即企业运用各项资产获利的能力。常用衡量指标主要有应收账款周转率、流动资产周转率和总资产周转率。为更好地反映襄阳轴承并购 FLT 公司后企业的资产管理水平变化,本章选取总资产周转率、存货周转率和应收账款周转率三个主要指标来分析其自并购完成前三年至并购后五年(2010~2018 年)的营运能力情况。

①纵向对比分析

襄阳轴承自并购完成前三年至并购后五年（2010~2018年）的三项营运能力指标如表6-7所示，变化趋势如图6-6所示。

表6-7　　　　　　　　营运能力指标表

项目	总资产周转率（次）	存货周转率（次）	应收账款周转率（次）
2010年	0.93	2.54	4.89
2011年	0.89	2.37	4.90
2012年	0.64	2.11	4.01
2013年	0.52	2.34	3.49
2014年	0.57	2.56	4.10
2015年	0.54	2.62	4.15
2016年	0.56	2.87	4.07
2017年	0.55	2.77	3.82
2018年	0.53	2.71	3.79

数据来源：Wind金融终端数据库。

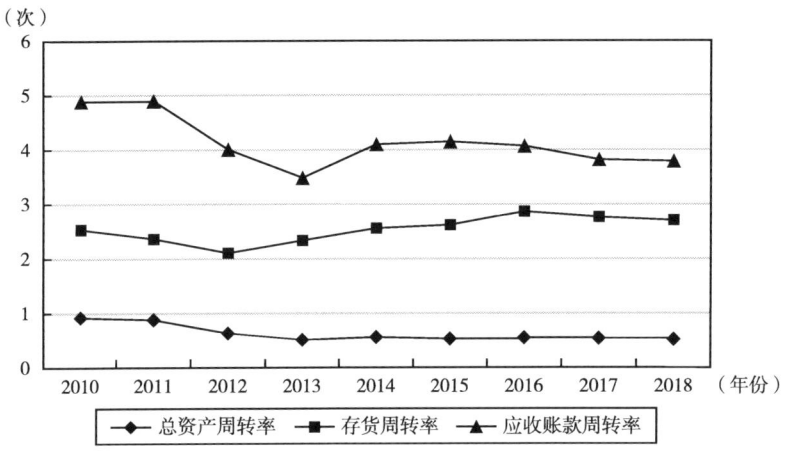

图6-6　营运能力变化趋势图

由表6-7和图6-6可以发现，襄阳轴承的总资产周转率在并购前三年呈现逐年下降趋势，并购前一年降幅增大，在并购当年达到最低点0.52次之后于并购后第一年开始回升,并在此后四年保持在 0.5~0.6 次,整体运行较为平稳,改善了并购前的下降趋势,因此此次并购在一定程度上对襄阳轴承的销售能力和资产管理水平产生一定的正面影响。从存货周转率上看,并购前三年逐年下降,于并购当年开始出现回升,这主要是因为襄阳轴承建立了主机客户产品使用、到货情况汇报制度,优化销售需求计划编制模式,以滚动计划替代固定计划,通过及时沟通和合理发货强化产销衔接,保证主机需求。并购后存货周转率整体保持逐年上升,虽然在 2017 年和 2018 年出现略微回落,但总体来说较并购前出现明显的提升,因此这说明并购后随着市场需求的减少,襄阳轴承的零库存管理范围相应扩大,从而导致存货储备量减少,其存货流动性相对变强。受行业"寒冬"影响,襄阳轴承并购前三年的应收账款周转率由 4.89 次下降到 3.49 次,2011 年启动三环襄轴工业园建设导致应收账款周转率骤降。并购发生后第一年就发生扭转,应收账款周转率提高为 4.10 次,并在随后的四年内基本保持稳定状态。应收账款的回收速度保持稳定说明并购后由于海外市场的扩展,信用值较高的客户数量或订单数额具有一定程度的增长,并购带来了一定的正面影响,襄阳轴承的营运能力整体得到了提升。

为探究行业因素是否对襄阳轴承的营运能力产生影响,下面将通过横向对比分析对此作进一步研究。

②横向对比分析

襄阳轴承并购完成前三年至并购后五年(2010~2018 年)与同行业上市公司的总资产周转率均值的对比如表 6-8 所示,变化趋势对比如图 6-7 所示。

表 6-8   襄阳轴承与同行业总资产周转率均值对比表

项目	2010 年	2011 年	2012 年	2013 年	2014 年	2015 年	2016 年	2017 年	2018 年
襄阳轴承(次)	0.93	0.89	0.64	0.52	0.57	0.54	0.56	0.55	0.53
行业均值(次)	1.00	0.88	0.83	0.84	0.82	0.76	0.73	0.71	0.65

数据来源:Wind 金融终端数据库。

从表 6-8 和图 6-7 中可以看出,襄阳轴承的总资产周转率在并购前三年与同行业均值接近甚至在 2011 年稍超过同行业均值水平,但受整个

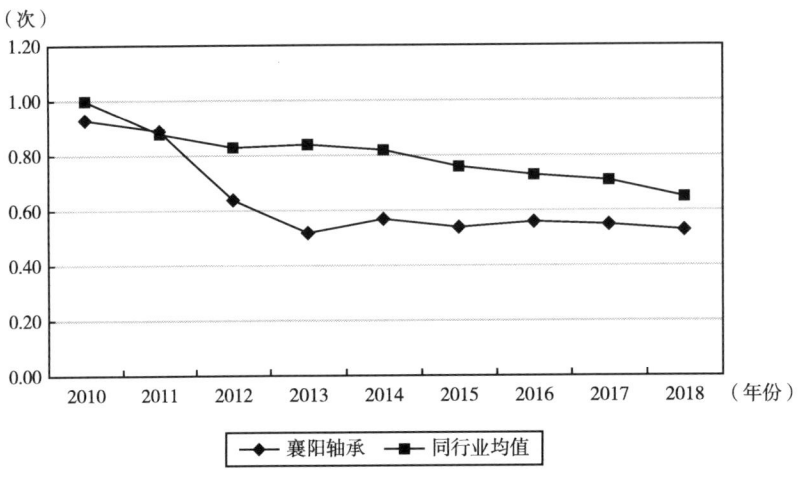

图6-7　襄阳轴承与同行业总资产周转率均值变化趋势图

行业宏观经济增速下滑影响，从并购前一年开始其总资产周转率迅速下降，降幅大大超过同行业均值水平，在并购当年达到最低点 0.52 次。并购后五年内的总资产周转率在 0.52~0.27 次内稳定波动，在汽车零部件行业均值水平持续走低的情况下依然能够保持稳定状态，虽然并购后的总资产周转率一直低于同行业均值水平，资产利用率较同行业整体而言还有待提高，但两者之间的差距越来越小，并存在继续缩小的趋势。这说明，长期来看，襄阳轴承在并购后资金利用率有所提高，投入产出比也较并购前有了一定程度的改善，销售能力稳步增强，资产投资的效益发展态势良好。

襄阳轴承并购完成前三年至并购后五年（2010~2018年）与同行业上市公司的存货周转率均值的对比如表6-9所示，变化趋势对比如图6-8所示。

表6-9　　　　　襄阳轴承与同行业存货周转率均值对比表

项目	2010年	2011年	2012年	2013年	2014年	2015年	2016年	2017年	2018年
襄阳轴承（次）	2.54	2.37	2.11	2.34	2.56	2.62	2.87	2.77	2.71
行业均值（次）	5.46	5.25	4.67	4.78	4.55	4.36	4.48	4.61	4.37

数据来源：Wind金融终端数据库。

第六章 湖北上市国有企业跨境并购案例分析之三：襄阳轴承并购波兰 KFLT 公司

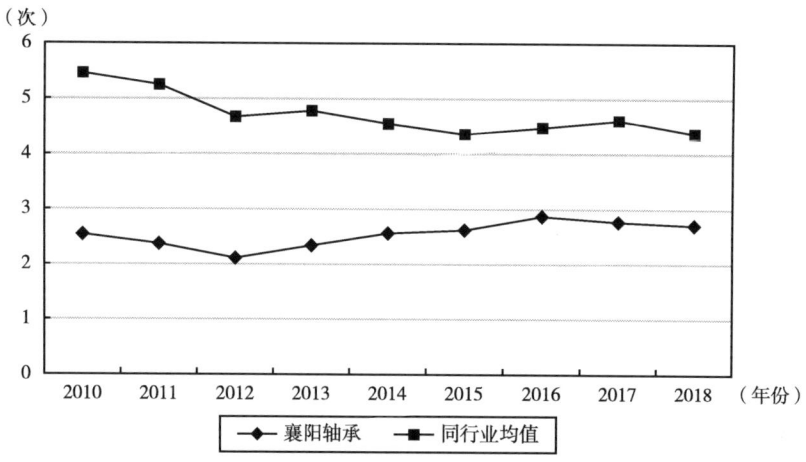

图 6-8 襄阳轴承与同行业存货周转率均值变化趋势图

从表 6-9 和图 6-8 中可以看出，虽然九年内襄阳轴承的存货周转率一直低于同行业均值水平，但并购前后的趋势变化存在一定的差异。并购前三年，其存货周转率持续走低，但其降幅小于同行业均值水平，于 2012 年达到最低点 2.11 次。自并购当年开始走势向好，在市场需求下降、行业竞争激烈的大环境下，存货周转率稳中有升，在并购第二年就超过了并购前的最高水平，并在随后的四年中一直高于该水平并保持稳定波动。并购后与同行业均值水平的差距也逐年缩小，由此可见，并购后襄阳轴承的存货周转率显著提升，这也表明，虽然襄阳轴承的存货周转速度与同行业相比依然较慢，但经过不断地优化库存管理，其存货积压风险已经大大降低，由于存货占用资金导致的资金运营效率降低的可能性也在一定程度上减小，整个公司的营运能力得到改善。

襄阳轴承并购完成前三年至并购后五年（2010~2018 年）与同行业上市公司的应收账款周转率均值的对比如表 6-10 所示，变化趋势对比如图 6-9 所示。

表 6-10 襄阳轴承与同行业应收账款周转率均值对比表

项目	2010 年	2011 年	2012 年	2013 年	2014 年	2015 年	2016 年	2017 年	2018 年
襄阳轴承（次）	4.89	4.90	4.01	3.49	4.10	4.15	4.07	3.82	3.79
行业均值（次）	5.35	4.68	4.40	4.25	4.09	3.68	3.58	3.53	3.41

数据来源：Wind 金融终端数据库。

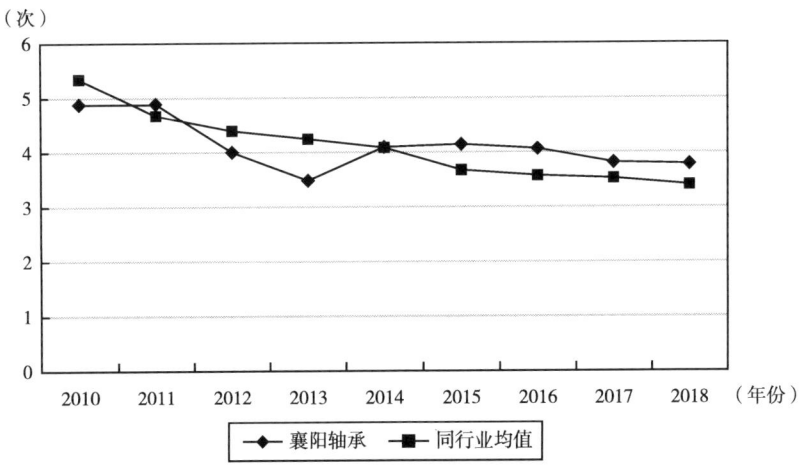

图 6-9 襄阳轴承与同行业应收账款周转率均值变化趋势图

从表 6-10 和图 6-9 中可以看出，并购前三年襄阳轴承的应收账款周转率曾在 2011 年超过同行业均值水平，但 2012 年骤降，降幅远超行业均值，并连续两年持续呈下降趋势，在并购当年达到最低点 3.49 次。并购后该指标明显得到改善，于并购后第一年就反超同行业均值水平，此后发展态势一直良好，并购后五年内虽然受行业低迷影响存在下降趋势，但降幅低于同行业均值变化程度，始终保持在高于同行业均值水平的状态。这说明，并购后襄阳轴承的应收账款回收速度明显得到提升，企业管理水平显著提升，这得益于公司加大货款回收力度，及时做好应收账款账龄分析，不断完善超期应收账款预警机制，及时清理清收超期应收账款，减少客户货款资金占用额，增加经营性现金流入，降低资金使用成本，优化资产结构，规避经营风险和财务风险。

通过以上三个财务指标对并购前后襄阳轴承营运能力的纵向和横向对比分析可以发现，从长期上看，并购 FLT 公司提高了襄阳轴承的总资产利用效率。同时，也对存货和应收账款的管理水平起到了显著的提升作用，并购前后三个指标呈现的趋势变化较为明显。总体而言，此次并购对襄阳轴承的营运能力起到了较大的改善作用，公司整体的资产营运效率得到提升。

（3）偿债能力分析

偿债能力是指企业以资产偿还短期负债和长期负债的能力。常用衡量指标主要有流动比率、速动比率和现金比率，由于并购可能会导致企业现金流出,从而影响其偿债能力,而本次并购的资金来源拟由襄轴卢森堡向境外银行贷款获得,因此,为准确反映襄阳轴承并购后企业的偿债能力变化,本章选取现金比率、流动比率和资产负债率三个主要指标来分析襄阳轴承自并购完成前三年至并购后五年(2010~2018年)的偿债能力情况。

①纵向对比分析

襄阳轴承并购完成前三年至并购后五年(2010~2018年)的三项偿债能力指标如表6-11所示,变化趋势如图6-10、图6-11所示。

表6-11　　　　　　　　　　偿债能力指标表

项目	现金比率	流动比率	资产负债率(%)
2010年	0.28	1.49	45.59
2011年	0.28	1.36	49.75
2012年	0.21	0.98	59.75
2013年	0.39	1.19	48.98
2014年	0.18	0.91	50.97
2015年	0.24	0.90	55.44
2016年	0.29	1.08	49.99
2017年	0.18	0.92	52.79
2018年	0.20	0.90	54.36

数据来源:Wind金融终端数据库。

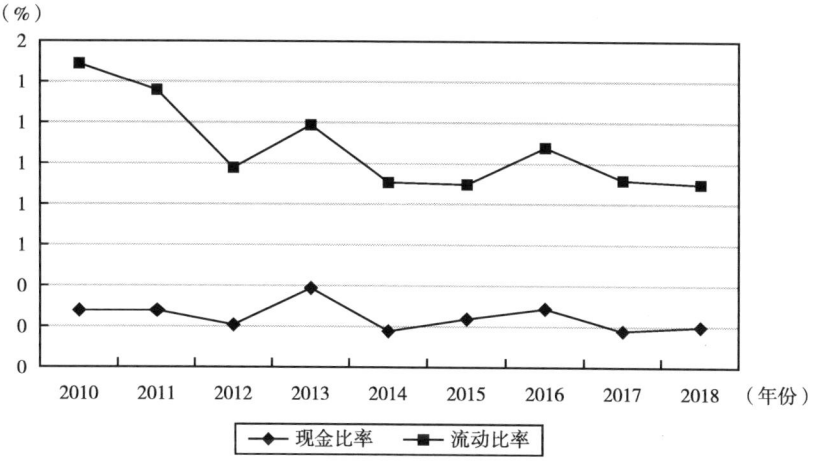

图6-10　现金比率、流动比率变化趋势图

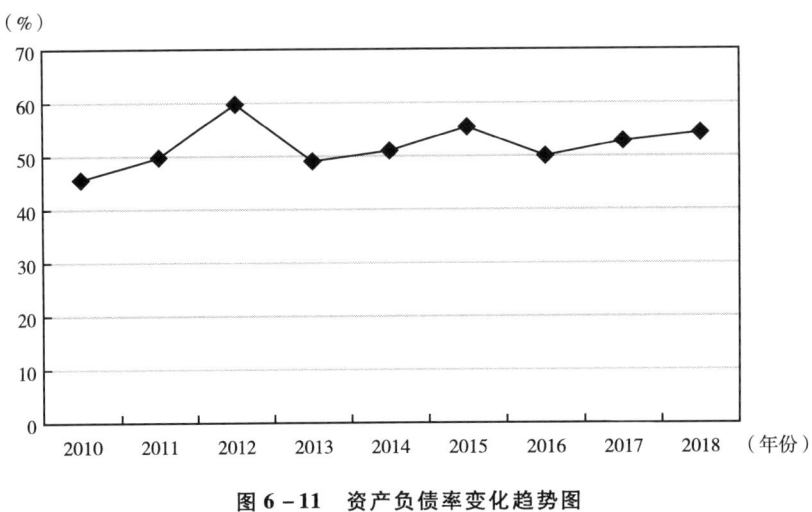

图 6-11 资产负债率变化趋势图

由表 6-11 和图 6-10、图 6-11 可以发现，并购前三年现金比率和流动比率均呈下降趋势，且 2012 年流动比率从 1.36 骤降到 0.98，这主要是由于向三环集团公司借入款项、采购材料等应付款项的增加以及银行代付货款等短期借款的增加，导致流动负债增多，而公司启动三环襄轴工业园建设，进一步导致公司流动资产减少和流动负债的增加，进而使得流动比率持续走低。而 2013 年现金比率和流动比率都大幅提升，分别达到 0.39 和 1.19，通过观察年报，发现这主要是因为 2013 年公司定向增发及并购境外子公司，公司非公开发行股份收到的募集资金到账，流动资产中的货币资金增多，提高了公司短期偿债能力。并购后五年现金比率和流动比率虽然有所回落，但较并购前三年的变化趋势而言，其下降趋势有所改善且波动较为稳定。就资产负债率而言，并购前三年呈现上升趋势，并购当年出现回落现象，并在并购后五年稳定波动，整体呈现稳中有升的态势。2013 年进行 FLT 公司的并购，通过非公开发行股份收到的募集资金偿还一部分借款，从而使得负债下降资产上升，降低负债压力，从而降低财务风险。总体来说，并购 FLT 公司对襄阳轴承而言在一定程度上提高了其偿债能力。

为确认襄阳轴承并购后偿债能力的变化是否与行业因素无关，下面将通过横向对比分析对此作进一步研究。

②横向对比分析

襄阳轴承并购完成前三年至并购后五年（2010~2018年）与同行业上市公司的现金比率、流动比率均值的对比如表6-12、表6-13所示，变化趋势对比如图6-12、图6-13所示。

表6-12　　　　　襄阳轴承与同行业现金比率均值对比表

项目	2010年	2011年	2012年	2013年	2014年	2015年	2016年	2017年	2018年
襄阳轴承	0.28	0.28	0.21	0.39	0.18	0.24	0.29	0.18	0.20
行业均值	1.15	1.24	1.10	0.78	0.74	0.89	0.86	1.04	1.11

数据来源：Wind金融终端数据库。

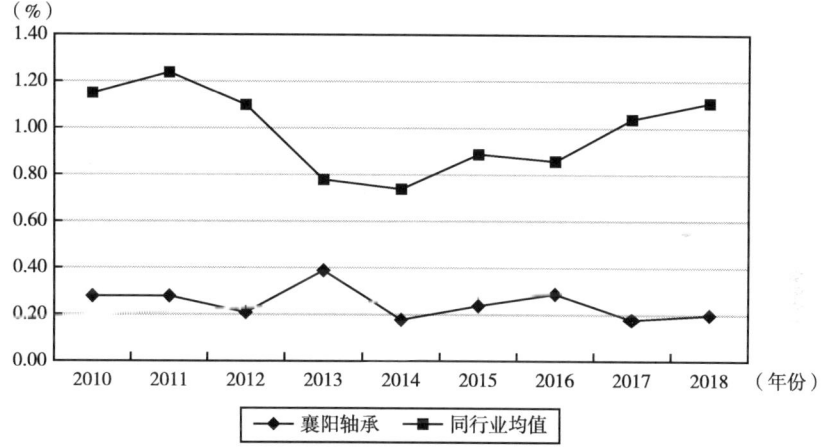

图6-12　襄阳轴承与同行业现金比率均值变化趋势图

表6-13　　　　　襄阳轴承与同行业流动比率均值对比表

项目	2010年	2011年	2012年	2013年	2014年	2015年	2016年	2017年	2018年
襄阳轴承	1.49	1.36	0.98	1.19	0.91	0.90	1.08	0.92	0.90
行业均值	2.30	2.47	2.31	1.99	1.99	2.23	2.18	2.60	2.55

数据来源：Wind金融终端数据库。

从表6-12、表6-13和图6-12、图6-13中可以看出，并购前三年，同行业均值的现金比率和流动比率均整体呈下降趋势，其中并购前两年现金比率的下降幅度较大。而襄阳轴承的该两项指标在并购前三年持续走低，其中现金比率的降幅远小于同行业均值水平。但并购当年，襄阳轴承的现金比

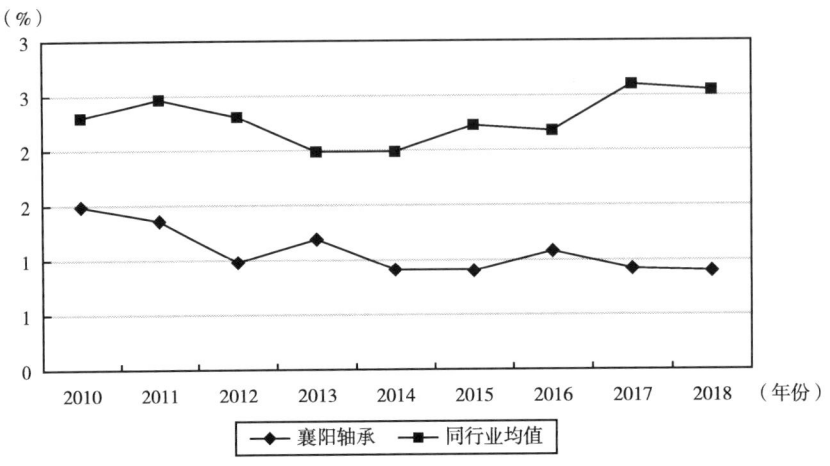

图 6-13　襄阳轴承与同行业流动比率均值变化趋势图

率和流动比率显著提升，这与继续保持下降趋势的同行业均值呈现出两种不同的态势，两者之间的差距在 2013 年达到最小，充分说明了此次并购对襄阳轴承的短期偿债能力具有明显的提升作用。并购完成后五年间，现金比率和流动比率在稍微回落之后均保持稳定波动，其中现金比率的变化稳定在 0.18~0.29，而流动比率则稳定在 0.90~1.08，同一期间的汽车零部件行业均值的现金比率和流动比率在 2016 年以后涨幅较大，与保持稳定波动的襄阳轴承该两项指标拉开了较大的差距，襄阳轴承的表现显得略为逊色。在整个行业偿债能力持续提升的大环境下，襄阳轴承并未体现出明显增强的偿债能力，这主要是是因为其并购后一直保持稳定的资产负债架构。总体而言，此次并购在并购当年体现出了对偿债能力显著的增强作用，并购后的稳定波动相较于并购前三年的持续走低趋势，也在一定程度上体现了对偿债能力的改善。

襄阳轴承并购完成前三年至并购后五年（2010~2018 年）与同行业上市公司的资产负债率均值的对比如表 6-14 所示，变化趋势对比如图 6-14 所示。

表 6-14　　　　襄阳轴承与同行业资产负债率均值对比表

项目	2010 年	2011 年	2012 年	2013 年	2014 年	2015 年	2016 年	2017 年	2018 年
襄阳轴承（%）	45.59	49.75	59.75	48.98	50.97	55.44	49.99	52.79	54.36
行业均值（%）	41.86	40.05	41.70	43.52	43.13	39.78	38.86	36.55	38.71

数据来源：Wind 金融终端数据库。

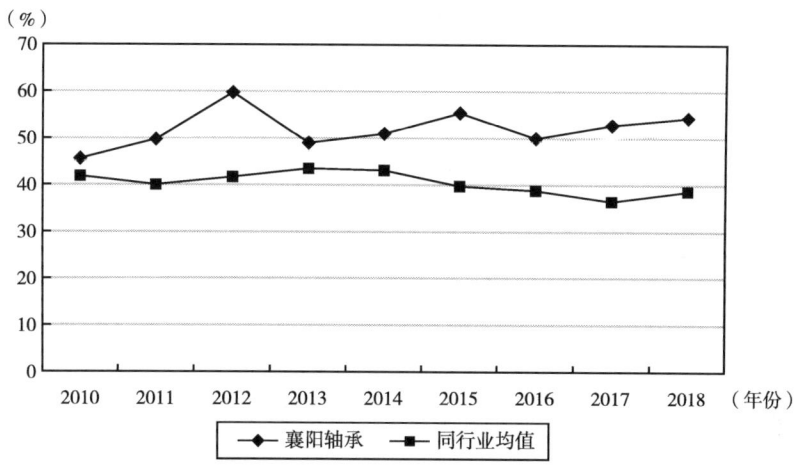

图 6-14 襄阳轴承与同行业资产负债率均值变化趋势图

从表 6-14 和图 6-14 中可以看出，并购前后九年间，襄阳轴承的资产负债率一直高于同行业均值水平，偿债风险相对较高。但并购前后仍然呈现出较大差异，并购前三年，襄阳轴承的资产负债率以较大的涨幅逐年上升，2012 年达到最高值 59.57%，并购当年逆于同行业均值资产负债率上升态势，襄阳轴承的资产负债率降低至 48.98%，并在并购后以较小的幅度进行波动。并购后同行业均值的资产负债率呈现出较小的下降趋势，而襄阳轴承的资产负债率则以一定的幅度整体上升，这说明并购事件的发生对于襄阳轴承而言，在并购当年对偿债能力的提升作用最为显著，后期可能出于扩大经营规模等考虑，逐渐倾向于负债经营，以此提高资金利用效率。总体而言，并购前后资产负债率的变化幅度具有明显的差异，因此此次并购对襄阳轴承的长期偿债能力具有一定的改善。

通过以上三个财务指标对并购前后襄阳轴承偿债能力的纵向和横向对比分析可以发现，并购 FLT 公司对襄阳轴承的短期偿债能力和长期偿债能力都具有一定的改善作用，其主要改善作用体现在财务指标变化幅度的减弱，但并购事件在并购当年对偿债能力产生的影响最大，并购当年襄阳轴承的三个指标较并购前的变化趋势体现出了显著的逆向变化，表明其偿债能力得到了显著提升。

（4）发展能力分析

发展能力是指企业在正常经营的基础上，扩大规模和壮大实力的潜在能力。常用衡量指标有营业收入增长率、总资产增长率和技术投入比率，襄阳轴承并购 FLT 公司的目的主要是实现技术协同、开拓国际市场和提高企业效益，因此本章选取一个传统指标（技术投入比率）和两个特色指标（海外销售增长率①、海外销售收入占比②）三个指标来分析襄阳轴承并购完成前三年至并购后五年（2010～2018 年）的发展能力。

①纵向对比分析

襄阳轴承并购完成前三年至并购后五年（2010～2018 年）的三项发展能力指标如表 6-15 所示，变化趋势如图 6-15、图 6-16、图 6-17 所示。

表 6-15　　　　　　　　发展能力指标表

项目	技术投入比率（%）	海外销售增长率（%）	海外销售收入占比（%）
2010 年	0.86	180.10	7.65
2011 年	1.06	102.21	13.95
2012 年	5.04	-9.45	14.48
2013 年	4.33	64.18	19.70
2014 年	3.84	201.19	43.05
2015 年	3.72	-11.09	38.71
2016 年	3.41	-10.79	31.00
2017 年	3.28	7.84	30.64
2018 年	3.68	15.68	36.19

数据来源：Wind 金融终端数据库。

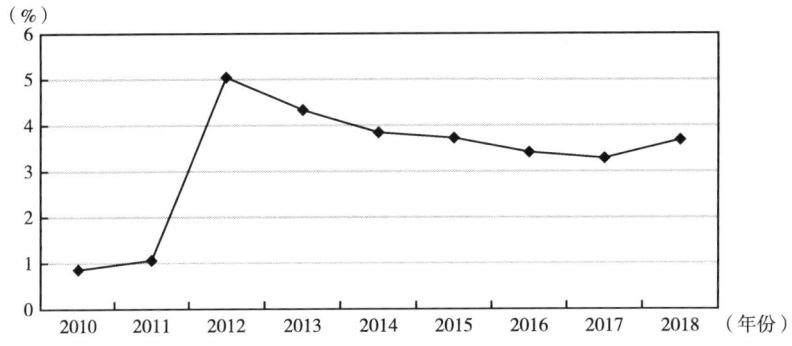

图 6-15　技术投入比率变化趋势图

---

① 海外销售增长率：本年海外业务收入增长额同上年海外业务收入总额之比。
② 海外销售收入占比：海外业务收入占营业收入的比率。

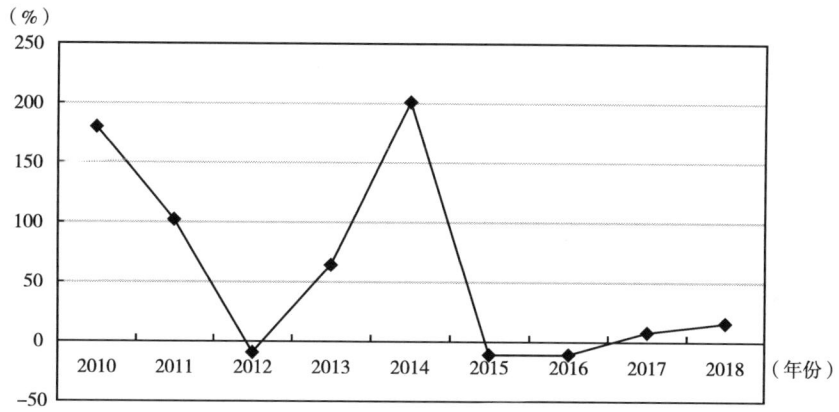

图 6-16　海外销售增长率变化趋势图

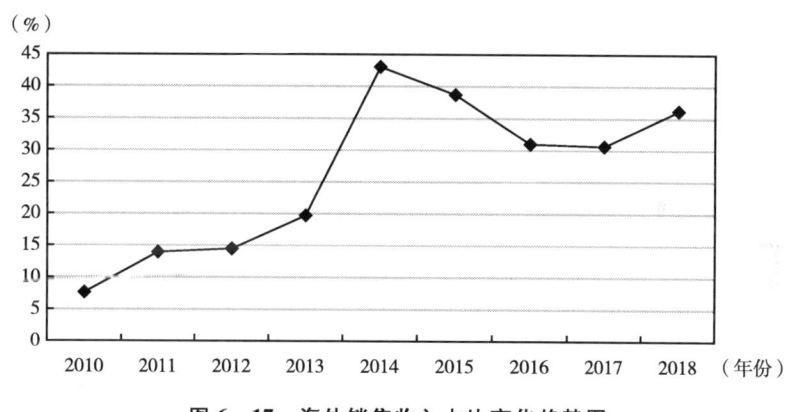

图 6-17　海外销售收入占比变化趋势图

由表 6-15、图 6-15、图 6-16 及图 6-17 可以发现，襄阳轴承的技术投入比率在并购前三年以较大的涨幅上升，在 2012 年达到最大值 5.04% 后便缓慢走低，并在并购完成后第五年逐渐恢复上升趋势。总体来看，襄阳轴承并购后的技术协同效应并不显著，其对技术创新的重视程度和投入情况基本没有太大变动，表明公司对市场的适应能力较并购前有所下降，并购后因引进技术而产生的竞争优势难以充分发挥，生存发展空间有变小的趋势。海外销售增长率在并购前三年连续骤降，在 2012 年海外销售收入不增反降，并购当年由于开拓了国际市场，导致海外销售增长率扭负为正，并在并购后一年达到最大值 201.19%。但因宏观经济持续下行、行业市场需求下降以及汇率变动因素影响，2015 年襄阳轴承的海外收入减少，其海外销售增长率急剧下降,达到并购前后九年内的最低值 -11.09%,这种变化体现了襄阳轴承的海外市场份额在并购后迅速扩大并保持稳定,从而使得随后几年海外收入虽然有所逐年上升但涨幅并不大。整体而言,并购事件的发生对襄阳轴承开拓国际市场起到了极大的促进作用,并购后的海外销售收入猛增态势有力地证明了这一点。海外销售收入的占比情况较并购前相比明显得到改善,对营业收入的贡献率有所提升,这说明襄阳轴承的海外销售收入对公司收入的影响逐步扩大,海外市场开拓较为成功,其品牌影响力增强。

为探究襄阳轴承的发展能力指标变化是否是行业因素所为,下面通过横向对比分析对此作进一步分析。

②横向对比分析

襄阳轴承并购完成前三年至并购后五年(2010~2018年)与同行业上市公司的技术投入比率、海外销售增长率和海外销售收入占比均值的对比如表6-16、表6-17、表6-18所示,变化趋势对比如图6-18、图6-19和图6-20所示。

表6-16　　　襄阳轴承与同行业技术投入比率均值对比表

项目	2010年	2011年	2012年	2013年	2014年	2015年	2016年	2017年	2018年
襄阳轴承(%)	0.86	1.06	5.04	4.33	3.84	3.72	3.41	3.28	3.68
行业均值(%)	2.07	1.89	2.93	3.05	3.31	3.24	3.21	3.32	4.05

数据来源:Wind 金融终端数据库。

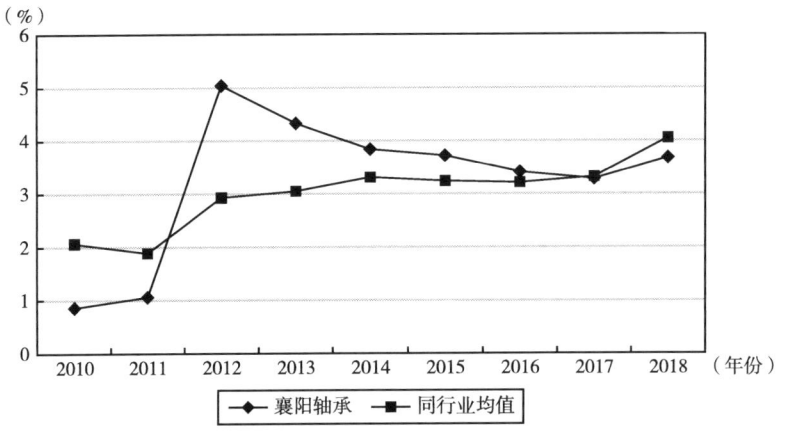

图6-18　襄阳轴承与同行业技术投入比率均值变化趋势图

表 6-17　　襄阳轴承与同行业海外销售增长率均值对比表

项目	2010年	2011年	2012年	2013年	2014年	2015年	2016年	2017年	2018年
襄阳轴承（％）	180.1	102.21	-9.45	64.18	201.19	-11.09	-10.79	7.84	15.68
行业均值（％）	21.58	6.09	22.65	6.94	28.92	53.58	28.45	30.01	24.62

数据来源：Wind 金融终端数据库。

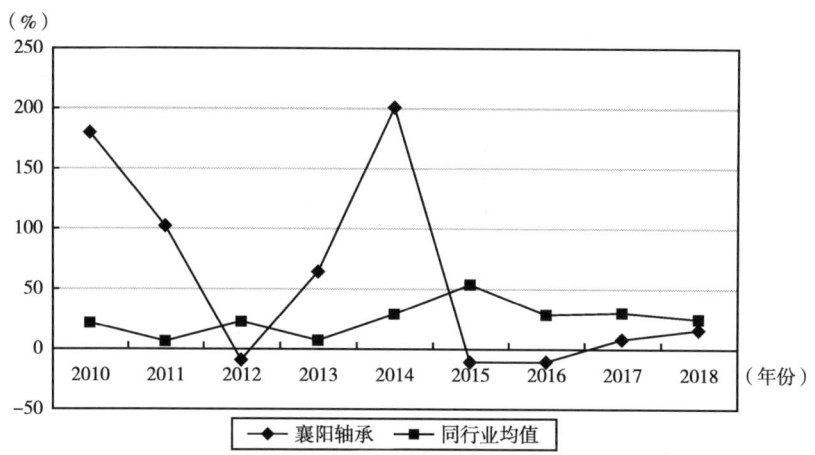

图 6-19　　襄阳轴承与同行业海外销售增长率均值变化趋势图

表 6-18　　襄阳轴承与同行业海外销售收入占比均值对比表

项目	2010年	2011年	2012年	2013年	2014年	2015年	2016年	2017年	2018年
襄阳轴承（％）	7.65	13.95	14.48	19.70	43.05	38.71	31.00	30.64	36.19
行业均值（％）	11.61	14.04	19.81	19.77	22.95	32.92	33.55	33.01	35.95

数据来源：Wind 金融终端数据库。

从表 6-16、表 6-17、表 6-18 和图 6-18、图 6-19、图 6-20 中可以看出，并购前三年，不同于同行业均值的上下波动，襄阳轴承的技术投入比率以较大的涨幅迅速上升，在 2012 年达到 5.04％，远超同行业均值水平。并购完成后，虽然该比率逐年以较小的幅度下降，但在并购后三年内均高于同行业水平。但由于公司对科研创新的重视程度未能加大，随着同行业均值水平的逐年上升，与襄阳轴承的技术投入比率之间的差距越来越小，甚至自 2017 年起，其技术投入比率低于汽车零部件行业的均值水平，在研发新技术和新工艺方面竞争优势逐年减弱。海外销售增长率在并购前后分别呈现出骤

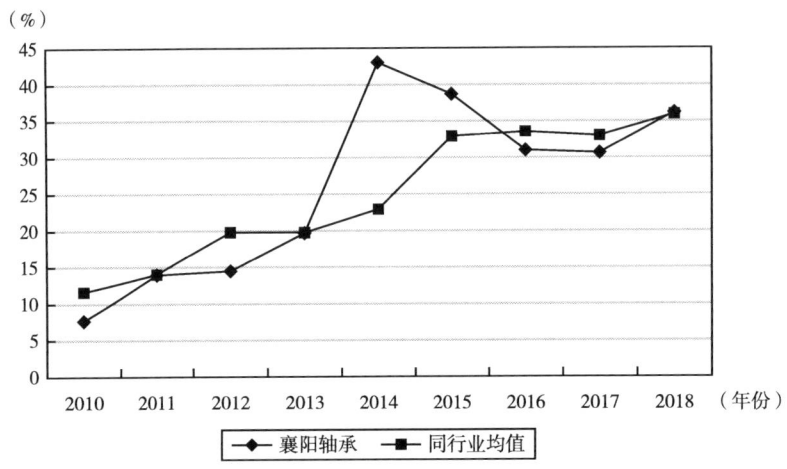

图 6-20　襄阳轴承与同行业海外销售收入占比均值变化趋势图

减骤增的态势，不同于同行业均值平稳波动，体现了并购对海外市场份额的迅速占领。2015年由于海外销售收入的下降导致海外销售增长率骤降，随后通过海外市场的优化部署，再次以较小的幅度进行稳步增长，最终在2018年与行业均值水平的差距缩小至9.08%。这说明并购导致襄阳轴承在相关领域的海外市场迅速实现开拓并保持较小幅度缓慢扩张，品牌影响力逐渐增强。就海外销售收入占比情况而言，并购前后九年内，襄阳轴承与其同行业均值水平的海外销售收入的占比走势持续向好，其中在并购后一年涨幅远远超越同行业均值水平，这说明，襄阳轴承产品销售对海外地区的依赖程度越来越高，并购后一年的海外销售收入对于公司营业收入的贡献度相较同行业上市公司更大，并购完成后襄阳轴承海外销售取得了良好成效，有利于在国际市场持续占有一定的份额。

通过以上三个财务指标对并购前后襄阳轴承发展能力的纵向和横向对比分析可以发现，并购FLT公司在一定程度上提高了襄阳轴承品牌影响力和海外市场占有率，对市场的适应能力有所增强，未来竞争优势更加明显，发展潜力得到一定程度的挖掘。但其技术创新优势发挥不够充分，长期上看，襄阳轴承应当进一步加强对技术创新的重视程度和投入情况，从而有利于技术创新协同效应更好发挥。

2. 基于非财务指标的长期绩效分析

非财务指标法是指无法用财务数据计算的指标来评价企业长期绩效的一种评价方法。由于非财务指标能评估企业价值和未来发展潜力，因此在分析并购企业长期绩效时，常用于企业经营状况和未来前景的分析。

企业非财务绩效评价主要包括客户满意度、员工满意度、创新能力以及市场地位等。鉴于襄阳轴承属于汽车行业，对技术创新要求较高，且此次并购的战略目标又是开拓国际市场、获取技术创新协同效应，因此为更好地反映襄阳轴承并购前后的绩效变化，本章对襄阳轴承 2010 ~ 2018 年的海外市场份额、创新能力和资源整合三个方面的变化进行补充分析，以此能够更加全面评价此次并购对襄阳轴承长期绩效的影响。

（1）海外市场份额

根据襄阳轴承并购 KFLT 公司的动因可知，此次并购的主要目的之一就是进一步进军国际市场、逐步实现国际化，因此海外市场份额变化情况是衡量并购绩效的一个重要非财务指标，海外市场份额越高，越能够成功实现国际化。本章选取并购完成前三年至并购后五年（2010 ~ 2018 年）襄阳轴承海外业务收入占我国汽车行业上市公司海外业务收入总额的比重衡量其市场份额，如表 6 - 19 所示。

表 6 - 19　　　襄阳轴承并购前后市场份额对比分析表

项目	2010 年	2011 年	2012 年	2013 年	2014 年	2015 年	2016 年	2017 年	2018 年
市场份额（%）	0.35	0.45	0.26	0.36	0.78	0.44	0.30	0.25	0.23

数据来源：Wind 金融终端数据库。

从表 6 - 19 可以看出，襄阳轴承在并购前三年海外市场份额处于上下波动状态，但波动幅度不大，并且占比非常少，而并购完成后其海外市场份额突飞猛进，在 2014 年达到了最高点 0.78%，可是在短期的增长后立马反转，其海外市场份额逐年下降，至 2018 年已降到 0.23%。这说明，襄阳轴承并购 KFLT 公司仅在短期内提高了其海外市场份额，从长期来看并未大量获得国际市场，成功实现国际化。

（2）创新能力

襄阳轴承隶属汽车行业，主要从事轴承及其零部件的生产、科研、销售及相关业务,创新能力是该行业企业核心竞争力的关键,而创新、研发成效与企业申请专利情况密切相关,因此本章通过比较并购完成前后襄阳轴承的专利数量来分析此次并购对其创新能力的影响。襄阳轴承并购前后(2010~2018年)专利数量情况详见表6-20。

表6-20　并购前后(2010~2018年)专利数量情况表

项目	2010年	2011年	2012年	2013年	2014年	2015年	2016年	2017年	2018年
专利数量(个)	21	12	12	17	17	7	11	5	6

数据来源:国家知识产权局。

由表6-20可知,从专利数量上看,并购前三年,襄阳轴承的专利数从2010年的21个下降到了2011年和2012年的12个,并购发生后,其专利数量在短期内增加到了17个,但从长期来看,数量又降至低位。虽然发明专利需要3~5年的授权时间,可能存在审批流程还未结束的情况。但就现有情况来看,襄阳轴承并购KFLT公司后,其研发和创新能力并没有明显增强。

(3) 资源整合

KFLT公司拥有60多年轴承生产经验,在波兰具有较高的企业知名度。其拥有波兰轴承产品约8%的市场份额,位居第五,同时也是波兰本土最大的滚动轴承制造企业。襄阳轴承收购KFLT公司使其在成本相对较低的情况下迅速在欧盟拥有生产、研发、销售基地,并以此为平台更快、更大规模地进入欧美市场,加速了实现国际化经营布局,同时取得了更多国际运作经验,逐步取得国际竞争中的有利位置。由于运输、后续服务等因素,轴承产品的最佳服务半径有一定的限制,通过本次交易,襄阳轴承在波兰拥有了生产基地,靠近德国、法国等汽车工业发达市场,使其业务能够得到拓展。另外,包括轴承在内的中国商品出口在海外频遭国外贸易保护措施,襄阳轴承在并购KFLT公司后,大幅减少了国际贸易壁垒,稳步进军欧美市场,公平参与国际市场竞争。

五、主要研究结论

本章在简要介绍襄阳轴承和KFLT公司并购双方基本概况、并购过程以

第六章 湖北上市国有企业跨境并购案例分析之三：襄阳轴承并购波兰 KFLT 公司

及分析并购动因的基础上，重点运用事件研究法分析了广大投资者对襄阳轴承并购波兰 KFLT 公司的预期和态度，并运用财务指标法及非财务指标法全面比较分析了并购 KFLT 公司对襄阳轴承长期绩效的影响。

通过事件研究法分析发现：在襄阳轴承并购 KFLT 公司事件整个窗口期〔-10, 15〕内的 CAR 为 0.2502，且通过了 1% 水平上的显著性检验。在所有子窗口期内的累计超常收益 CAR 均为正值，除子窗口〔-5, 0〕和〔-10, 0〕的 CAR 仅通过了 5% 水平上的显著性检验以外，其他子窗口期内的 CAR 均都通过了 1% 水平上的显著性检验。此结果表明广大投资者非常看好襄阳轴承的这项跨境并购。

通过财务指标分析法分析表明：（1）从盈利能力上看，襄阳轴承并购 KFLT 公司后，在一定程度上改善了并购前持续下降的盈利能力，对公司绩效产生一定正面影响，但并购带来的协同效应并不明显，公司盈利能力没有得到大幅提升；（2）从营运能力上看，襄阳轴承并购 KFLT 公司后，提高了总资产的利用效率，同时也对存货和应收账款的管理水平起到了显著提升作用，总体而言，此次跨境并购对襄阳轴承的营运能力起到了较大改善作用，资产营运效率得到了提升；（3）从偿债能力上看，襄阳轴承并购 KFLT 公司后，短期偿债能力和长期偿债能力都得到了一定程度提高，并购当年公司三个指标较并购前的相关指标变化趋势呈现出显著的逆向变化，表明其偿债能力得到了显著提升；（4）从发展能力上看，襄阳轴承并购 KFLT 公司后，在一定程度上提高了其品牌影响力和海外市场占有率，对市场的适应能力有所增强，未来竞争优势更加明显，发展潜力得到一定程度的挖掘。但技术创新优势发挥不够，还应进一步加强对技术创新的重视程度和投入情况，从而有利于技术创新协同效应作用得到更好发挥。

通过非财务指标分析法分析表明：襄阳轴承并购 KFLT 公司后，在短期内提高了海外市场份额，但从长期来看海外市场份额还较并购前有所下降，说明其在成功实现国际化的道路上还需很长的路要走。从创新能力评价（专利数量）视角看，襄阳轴承并购 KFLT 公司后，研发和创新能力并没有得到明显增强。从资源整合能力视角看，襄阳轴承并购 KFLT 公司后，短期内加速了国际化经营布局，取得了更多国际运营经验，拓展了业务范围，减少了产品进入欧美市场的障碍。总之，从短期看，广大投资者对襄阳轴承并购

KFLT公司的未来发展充满信心。从长期看,并购在一定程度上改善了襄阳轴承的盈利能力,提升了其资产营运效率,显著提升了其偿债能力,发展潜力得到了一定程度的挖掘。但技术创新协同效应还有待进一步发挥,国际化战略目标还未完全实现。

第七章
湖北非上市国有企业跨境并购案例分析

由第三章湖北国有企业及跨境并购现状分析可知，湖北省非上市国有企业跨境并购案例主要有：宜昌交通旅游产业发展集团有限公司（简称"宜昌交旅"）并购香港保华控股公司宜港集团、湖北福汉木业（集团）发展有限责任公司（简称"福汉木业"）并购中俄托木斯克木材工贸区项目以及湖北清能投资发展集团有限公司（简称"清能集团"）并购清江香港和香港怡港3家公司。由第一章跨境并购影响国有企业绩效相关理论分析可知，跨境并购对并购企业长期绩效的提升应具有重要影响。跨境并购完成后，并购企业的经营绩效是否得到了明显提升？如果没有得到提升，主要原因是什么？本章主要针对这些问题分别对上述三个案例分别进行研究。

一、宜昌交旅并购香港保华控股公司宜港集团的分析

（一）并购双方概况

1. 宜昌交旅概况

根据宜昌市政府《市人民政府关于宜昌市级国有投融资公司改革重组方案的批复》文件，2015年1月9日，宜昌交通旅游产业发展集团有限公司（简称"宜昌交旅"）正式成立。为宜昌市政府直属重点企业，注册资本10

亿元，总资产近 70 亿元，员工总数 7000 余人。2015 年 3 月 11 日，根据宜昌市国资产权〔2015〕9 号文件，市国资委划转公交集团、三峡旅游公司国有股权至宜昌交旅。2015 年 7 月 21 日，宜昌市国资委将其持有的交运集团 35.66% 股本无偿划转给宜昌交旅。2019 年 6 月 28 日，宜昌交旅收购宜港集团 51% 控股权。

目前，旗下共拥有 16 家子公司，其中交运集团为上市公司（股票代码：002627；上市时间：2011 年 11 月 3 日）。宜昌交旅坚持交通旅游"双轮驱动"，全面实施"企业做实、业态做新、资源做优、市场做活"四大战略，立足"打造三峡旅游龙头，引领千亿产业发展"，加快建设湖北乃至中部地区最专业的交通运输和文化旅游集团，着力助推宜昌交通旅游高质量发展，为创建三峡国家级旅游度假区贡献"交旅力量"。

主营业务包含交通和旅游两大板块。其中，交通板块主要包括：道路客运服务、公共交通服务、旅游客运服务、汽车销售及售后服务以及现代物流服务六个子板块；旅游板块主要包括：旅游地产、文化旅游区、自然风景区、户外营地公园、游轮游艇中心以及风情演艺基地六个子板块。

2. 宜港集团概况

2008 年 9 月 2 日，香港保华集团与湖北省宜昌市签订投资重组宜昌港务集团（简称"宜港集团"）正式协议。根据协议，重组后的新公司将融资 20 亿元建设云池深水港、枝城港配煤中心、红花套港区、田家河港区等工程。香港保华集团是一家香港上市公司，从 2003 年开始推行"长江战略"，主营港口物流及港口建设项目。正式协议由宜昌市国资委、宜昌市夷陵国有资产经营有限公司、宜港集团、香港保华集团四方共同签订。按照协议内容，香港保华集团对宜昌港务集团进行增资后，香港保华集团控股 51%，宜昌市拥有 49% 的国有股权，宜港集团由宜昌市属国有企业变成中外合资企业。引进香港保华集团融资重组宜港集团，是宜昌市全力打造三峡航运中转中心的重要举措。

宜港集团是三峡枢纽港核心企业、宜昌水运口岸唯一经营单位，长江中游铁水联运的主要承担者，形成了完善的港口、铁路、船舶、道路运输等联运业态，具备代理、理货、检测、锚泊等综合物流配套服务体系。宜昌港务集团总资产 11.23 亿元，资产负债率 50.39%，员工总数 721 人。宜港集团所属港区有坝上茅坪港区、坝下滨江、云池、枝城等港区。拥有平善坝、中心区、云池、枝城通航锚地，共有生产性码头泊位 19 个，港区铁路铺轨总长 21 公里，年货运吞吐能力 2300 万吨，年集装箱吞吐能力 50 万标箱，自有船舶运力 1 万吨。

宜港集团先后获得 AAAA 级物流企业、湖北省第一批重点物流企业、湖北省物流企业 30 强、湖北省"守合同重信用"等资质荣誉，通过 ISO9001：2015 质量管理体系认证。集团将紧扣全市港口物流产业发展目标，坚持"四做"战略，构建"四大"格局，着力推进"生态保护、安全发展、绿色发展"，全力打造创新发展的标杆企业，在宜昌高效衔接欧亚陆路通道、长江黄金水道和北部湾南向出海口，加快建设多式联运体系、自由贸易区、临空经济区、水空铁口岸，全面提升城市层次，打造内陆开放高地。

2019 年 6 月 13 日，宜昌市国资委就交旅集团收购保华集团持有宜港集团 51% 股权，正式下达批复文件。2019 年 6 月 26 日，交旅集团与保华宜昌签署《股权转让正式协议》，2019 年 6 月 27 日，宜港集团完成工商变更登记。收购完成后，宜昌港务集团的企业性质由中外合资企业变为宜昌市属国有企业，宜昌交旅集团持有 51% 股权，宜昌国投集团持有 49% 股权。

经营范围为港口建设、经营及相关服务；货物装卸、仓储服务；普通货运、水路运输、港口铁路运输；船舶代理、货物运输代理服务；港口设备租赁、房屋租赁、物业管理等。

（二）并购背景与动因[①]

1. 并购背景

（1）"共抓大保护、不搞大开发"已成为国家推动长江经济带发展的重大战略。习近平总书记在深入推动长江经济带发展座谈会上的重要讲话，深刻阐述了长江经济带发展的一系列根本性、方向性和全局性问题，明确了以"共抓大保护、不搞大开发"为规矩和导向，正确把握"五大关系"，推动

---

① 根据调研时获取的相关资料（宜昌交运集团提供）整理而成。

长江经济带科学发展、有序发展和高质量发展。

（2）港口资源整合已成为各省市推动区域港口一体化的重要方向。港口是经济社会发展的战略资源和重要支撑，是推进"一带一路"建设的重要支点。长期以来由于以行政区划为界，造成了港口重复建设、产能过剩，港口间功能定位重合，缺乏总体规划和协调。为化解过剩产能、优化资源配置、促进港口提质增效升级，交通运输部于2017年8月22日印发《关于学习借鉴浙江经验推进区域港口一体化改革的通知》。目前，沿海沿江11个省级城市都在通过港口资源整合推动区域港口一体化发展。

（3）构建三峡枢纽地区多式联运体系已成为宜昌市推动三峡综合交通运输体系建设的重点路径。宜昌因三峡大坝通航能力"肠梗阻"问题成为肩挑重庆武汉两大航运中心的支点，是湖北通则长江通的要素。为推动三峡综合交通运输体系建设，市委市政府于2018年9月审定《三峡综合交通运输体系建设实施方案》，在江南新建三峡枢纽茅坪港疏港铁路、翻坝运输管道，在江北新建翻坝高速公路，并沿江布局茅坪港、红花套港、白洋港、枝城港、云池港、七星台港6座港口。2018年12月24日，《国家物流枢纽布局和建设规划》将宜昌列为30个港口型国家物流枢纽承载城市之一，为宜昌以大交通格局促进大物流产业发展带来重要发展机遇。

2. 并购动因[①]

（1）抓住长江岸线资源整合机遇。"共抓大保护、不搞大开发"既是我国进入新时代的客观要求，也是解决长江经济带以往大开发中遗留问题的基本方针。当前，修复长江生态环境已摆在压倒性位置，长江内河港口岸线资源乱占乱用的问题正逐步解决。2019年4月10日，交通运输部就《关于严格管控长江干线港口岸线资源利用的通知》征求意见，文件规定非法码头坚决查处、严肃整改，规划港口岸线总规模只减不增，严控工矿企业自备码头岸线，严控危险化学品码头岸线。长江岸线资源的稀缺性价值愈加凸显，长江岸线资源的整合机遇已经到来。

（2）推动宜昌交旅子公司交运集团跨越式转型发展。交运集团自上市以

---

① 根据调研时获取的相关资料（宜昌交运集团提供）整理而成。

来,已形成道路客运、旅游服务、汽车营销和现代物流四大主营业务为一体的产业架构。但企业资产规模、收入规模、利税总额仍相对较低,与市委市政府对交运集团的期望和要求还存在较大的差距,特别是近五年来,交运集团面临市场激烈竞争,发展速度减慢。在当前高质量发展的要求下,交运集团通过本次收购,能够以宜港集团为依托快速切入长江内河港口物流市场,进一步整合宜昌区域长江内河港口资源,发展铁水、公水、江海联运的多式联运体系,推动子公司交运集团跨越式转型发展。

（3）夯实宜昌交旅子公司交运集团主业发展基础。市委市政府提出加快发展"大旅游、大物流、大健康、大数据"四大支柱产业,宜昌交通旅游产业发展集团有限公司（以下简称：交旅集团）着力打造"大交通、大旅游、大物流、大康养"四大产业。交运集团以"四做"发展理念为引领,确定了创新发展旅游和物流产业,多元发展其他服务产业的发展方向。宜港集团是三峡枢纽港的核心企业,在促进多式联运和物流发展中具有独特优势,是一个具备装卸存储、中转换装、临港开发、金融物流、商贸服务等功能的综合性港口企业,在三峡综合交通运输体系建设中发挥着重要作用。本次收购顺应企业战略发展方向,夯实宜昌交旅子公司交运集团主业发展基础。

（三）并购过程回顾

2019年3月30日,交旅集团与保华集团签订《合作框架协议》。

2019年5月13日,交旅集团与保华宜昌（保华集团全资子公司,宜港集团股东）在上海签订《附生效条件股权转让协议》和《过渡期监管协议》,待市政府、市国资委审核同意盖章后生效。

2019年5月14日,交旅集团召开2019年第一届董事会第五次会议,会议审议并同意《关于收购香港保华集团持有宜港集团51%股权的议案》,审议结果向宜昌市国资委报备。

2019年5月30日,宜昌市政府同意交旅集团以3.774亿元收购保华宜昌持有宜港集团51%股权。

2019年6月13日,宜昌市国资委就交旅集团收购保华集团持有宜港集团51%股权,正式下达批复文件。

2019年6月26日，交旅集团与保华宜昌签署《股权转让正式协议》，2019年6月27日，宜港集团完成工商变更登记。

2019年10月11日，宜昌交旅、国投集团、夷陵国资就委托经营管理事项共同协商，将宜港集团全部经营管理权全权委托给交运集团行使。

（四）未来整合计划[①]

由于宜昌交旅并购香港保华控股公司宜港集团于2019年6月刚刚尘埃落定，因此，要评价这起跨境并购的效果，尚为时过早。所以，本章无法对这起跨境并购的效果进行评价。但通过调研，我们了解到宜昌交旅对并购香港保华控股公司宜港集团后的未来整合有着详细计划，计划主要有以下三个方面：

1. 发挥"五大优势"，全力推动港口物流产业集聚发展

（1）资本运作优势。交运集团作为国有控股上市公司，经营管理规范，通过定向增发等多元化融资工具，能获取长期稳定的资本性资金；通过推进国有港口资产证券化，可逐步化解政府债务风险，提升国有资本收益；通过发行股份实施并购重组，实现物流产业做大做强，提升行业集中度和整体运营效率。

（2）专业人才优势。交运集团和宜港集团在客货港口已形成一批长期从事港口经营管理、内河船舶运输、铁路专线服务等方面的专业化人才团队，在长期的工作实践中已积累了丰富的经验。多年来，通过持续引进航运和港口管理专业技术大学生员工，经过系统培训和基层锻炼，已形成人才储备梯队。

（3）企业机制优势。交运集团作为面向市场要效益的实体企业，在长期的市场打拼中，不等不靠，主动作为，敢于争先，形成一套完整的以市场为导向，以客户为中心的价值体系与激励机制，对当前港口转型发展具备现实意义。

---

① 根据调研时获取的相关资料（宜昌交运集团提供）整理而成。

（4）品牌运营优势。交运集团和宜港集团历史悠久，口碑良好，是长江港口物流联盟的重要会员单位，和重庆港、武汉港、上海港和宁波港等港口有良好协作关系，与中远海运和中外运等大型船舶公司有长期业务关系，与国家能源集团、陕西煤业化工集团和安徽六国集团等大型煤炭化工企业有稳定合作关系。

（5）行业资源优势。交运集团和宜港集团经过长期的历史积淀，在全国交通行业和长江沿线港口具有较强的企业影响力，与交通部各级港航和海事系统建立了良好的公共关系，具备申报项目、争取资金、政策扶持的良好外部条件。

2. 明确"五大目标"，努力推动港口物流业态转型升级

交旅集团将突出以港口为核心的物流发展战略，围绕做好"三个服务"，构建"四个指数"，实现"五大目标"，推动港口物流产业向信息化、高端化发展，完善港口规划，优化功能布局，推动支撑能级和港口集聚度不断提升，为"亿吨大港、百万标箱"夯实基础，打造"行业领先、国内知名"的长江航运品牌。

（1）做好"三个服务"。一是服务全市经济发展，成为推进绿色港口一体化建设的主力军。运用市场化方式，大力推进港口物流资源整合，提高港口集约化、信息化、绿色化、智能化水平，提升港口集疏运能力，降低社会物流综合成本，更好地服务地方经济发展；二是服务长江经济带，成为推进三峡综合交通运输体系建设的主力军。坚定不移贯彻习近平总书记长江大保护战略，坚持走生态优先、绿色发展之路，有效整合坝上坝下港口、水运、公路、铁路资源，大力开拓水公水、水滚水、水铁水、水梯水及铁公水等多式联运新线路，构建三峡枢纽综合立体交通走廊，着力解决长江航运"通"的问题；三是服务"一带一路"，成为推进中国（湖北）自由贸易试验区宜昌片区建设的主力军。充分发挥宜昌云池水运口岸、三峡保税物流中心、综合保税区的联动效应，借助宜昌自贸片区体制机制创新优势，大力推进江海直达班轮和南向通道铁海联运常态化运行，助推宜昌开放型经济发展。

（2）构建"四个指数"。通过构建三峡航运数据中心客流指数、三峡重载滚装运输指数、三峡断面通航指数和三峡翻坝转运指数，最终形成三峡航运指数,以航运数据集成化实现航运信息化,从而为行业主管部门加强航运宏观管理,相关企业物流成本最优化提供信息化支持。

(3) 实现"五个目标"。一是运营规模大幅攀升。到 2022 年,长江干线市属国有港口货物吞吐量突破 3000 万吨,集装箱量突破 30 万标箱,收入突破 10 亿元,利润总额突破 1 亿元,成为国家 5A 级物流企业。到"十四五"期末,货物吞吐量突破 5000 万吨,集装箱量突破 50 万标箱,收入突破 16 亿元,利润总额突破 2 亿元;二是翻坝体系日趋完善。三峡翻坝转运体系基本建成,水公铁运输方式无缝对接,南线翻坝港口有机衔接,生产调度大幅优化,作业效率大幅提升,综合物流成本大幅下降,长江水道"通"的问题取得实质性突破,水、路、港、岸、产、城协同发展;三是集约发展取得突破。争取政策支持和利用市场手段,推进社会零散码头的综合整治,实现岸线高效利用、功能合理分区、港口定位明确,形成集散货、件杂、集装箱和多式联运业务功能于一体的、装卸作业能力处于长江干线前列的现代化综合港区集群;四是绿色环保显著提升。完善绿色能源利用及基础设施建设,推广节能低碳型装备及设施,注重港区环境污染防治,提升绿色交通能力建设,不断提高港口资源、能源利用效率,构建以高效能、低能耗、低污染、低排放为基础的绿色港口发展模式;五是智能科技大量应用。学习上海港、宁波港、青岛港现代化港口运营经验,以云计算、大数据、物联网、移动互联网、智能控制和 5G 应用等新一代信息技术为核心,引进设备软件,复制管理模式,实现宜昌港口生产运营智能自动化和港口运营组织协同一体化。

3. 聚焦"十件实事",强力推动港口物流发展落地落实

交旅集团在完成并购后将紧盯"十件实事",并通过一件一件的推进和落实,把强力推动港口物流发展的目标落地落实。

(1) 抓好港口功能合理定位。对交运集团三峡钢铁交易中心、云池港、省交投宜都港等相关港口在经营权集中的基础上,通过整合港口资源,实现功能科学定位,合理分区,重点拓展集装箱、煤炭、磷矿石、化肥和粮食业务,发挥港口协同效应;(2) 抓好港口改造提档升级。争取上级资金扶持,改造升级枝城港,淘汰传统浮式码头并升级至新型的高桩梁板码头,建设枝城港铁水联运码头、云池港疏港铁路,进一步改善港口港容港貌,提升港口作业能力和安全环保水平。对接绿色清洁港区建设规划,将秭归尖棚岭码头改造为秭归环保码头;(3)抓好集装箱始发班轮。在稳定宜昌——武汉、重庆"天天班"的基础上,加强与上海泛亚、重庆民生、上港长江物流等主要长江内支线集装箱航运公司的合作,用好补贴政策,扩大市场来源,实现宜昌——上海集装箱始发班轮周班运行;(4)抓好开通江海直达班轮。加强与国家江海联运服务中心——宁波舟山港对接,以市场需求为导向、以经营业务为纽带、以专用船型为保障,力争在2021年开通江海直达班轮,实现宜昌通江达海;(5)抓好"水梯水"翻坝转运。与国内最大的长江内支线集装箱航运公司——上海泛亚航运公司合作,开设经三峡升船机过坝的坝上坝下集装箱水上"穿梭巴士",降低翻坝运输成本,形成绿色翻坝新模式;(6)抓好重滚甩挂翻坝运输。针对批量小、时效性强的客户需求,提供集装箱重滚甩挂翻坝服务,丰富三峡翻坝运输体系服务产品线。在已为重庆石川泰安化工有限公司提供重滚甩挂翻坝的基础上,进一步拓展客户资源,巩固和扩大市场份额;(7)抓好港口智能科技建设。在2019年底编制宜昌港口信息化建设规划方案,借鉴上港集团先进经验,以"适度超前、一次规划、分期建设"为原则,推进 EDI 数据交换系统应用,跟踪研究港口无人驾驶、无人作业,制订年度工作任务计划和目标,实现一年一变样,五年大变样;(8)抓好政策红利释放。充分利用云池港作为宜昌市内唯一国家指定出口退税启运港的政策、宜昌制定的集装箱翻坝转运专项补贴政策以及宜昌自贸区、海关特殊监管区制定的外贸政策红利,在拓展荣成纸业、广汽传祺进出口集装箱业务的基础上,进一步在三峡区域拓展市场,服务企业,释放宜昌口岸经济的政策红利;(9)抓好"两个中心"创建。力争在2020年,实现枝城港成为中国(太原)煤炭交易中心华中交易分中心;力争在2021年,将云池港打造成为三峡区域最大的钢铁交易中心,在铁路进港的基础上,实现公铁水无缝衔接;(10)抓好港口环保治理。在坝上尖棚岭环保码头、坝下平善坝锚区及相关港区,做好港口岸电服务。以宜长净2号垃圾船为主体,抓好港口垃圾清漂防污工作。在三峡通航局进一步的支持下,为三峡船闸待闸船舶提供环保配套服务。

如果上述计划能够付诸实施并顺利完成,宜昌交旅集团及旗下子公司交运集团和宜港集团,将一定能有为积极推进港口型国家物流枢纽承载城市建设,实现"一城一港一主体"和"绿色港口一体化"目标,助推宜昌走在"两个前列"发挥重要作用。

二、福汉木业并购中俄托木斯克木材工贸区项目的分析

(一) 并购双方概况

1. 福汉木业概况

湖北福汉木业(集团)发展有限责任公司(简称福汉木业)系湖北省联投集团下属子公司,发展沿革如下:

1956 年 湖北省木材总公司成立(公司前身)。

1991 年 湖北福汉木业发展有限公司成立。

2008 年 湖北福汉木业(集团)发展有限责任公司成立,由湖北多福商贸有限责任公司和湖北省木业集团总公司合并重组成立的国有独资企业。

2014 年 成为湖北省联合发展投资集团有限公司全资子公司。

2017 年 获"高新技术企业"认证。

2018 年 荣获"全国百佳质量诚信标杆示范企业""综合十大板材品牌""十大行业影响力板材品牌"。

主营业务涵盖:海外森林资源开发(中俄托木斯克木材工贸合作区森林开发、采伐、加工、销售及园区建设)、国际贸易(海运进口、铁路集装箱外采及俄材自营销售)和传统板材、木结构建筑、系统门窗及铝木复合型门窗等产品。

2. 中俄托木斯克木材工贸区项目

中俄托木斯克木材工贸合作区项目位于俄罗斯森林资源最为丰富的托木斯克州,森林面积 1.3 万平方公里,一期规划年采伐和加工木材 450 万立方米,规划建设面积 6.95 平方公里,为中国批准建设的八家重点境外经济贸易合作区之一。

合作区具体由烟台西北林业有限公司牵头建设，2011年7月中航林业在山东省烟台经济技术开发区注册成立后，由中航林业有限公司承接实施。中航林业主要股东有：中国航空技术国际控股有限公司（52%）、烟台西北林业有限公司（38%）和烟台开发区经销中心（10%）。

合作区规划采取一区多园的方式进行建设，以木材深加工园区为核心园区，以建设在森林采伐区附近的木材粗加工区为辅助园区，采用核心加工园区带动辅助区的布局模式。该合作区是国家"一带一路"倡议优先发展项目之一，俄联邦批准的五个森工园区之一。合作区交通便捷，铁路、公路、航空和水运俱全。可采伐森林资源丰富。

（二）并购背景与动因

1. 契合国家和地方政府政策要求

（1）响应"一带一路""长江经济带"等国家战略和鼓励企业"走出去"号召；（2）符合国有企业混改方向；（3）中俄两国政府签署和批准《中俄政府关于共同开发森林资源合作的协定》《中俄森林资源合作开发与利用总体规划》等相关文件。

2. 扭转公司原材料供应紧张的局面

湖北省联合发展投资集团有限公司全资子公司、省林业产业龙头企业福汉木业主要是做板材业务，但由于国内天然林禁伐，其原材料供应受限。因此，若能成功收购该项目，即可拥有境外48万公顷的林业资源，这对扭转福汉木业原材料供应紧张局面具有重要作用。

3. 预期并购收益大于风险

（1）交通运输便利。汉欧铁路可以直通武汉，交通条件良好。平均十五天就可以完成木材从俄方园区到武汉的运输；（2）原控股股东为央企且运营多年，管理规范；（3）标的项目林业资源丰富且交通便捷。由此可见，并购该项目预期风险低于收益。

(三) 并购过程回顾

2016年3月,湖北联投集团、福汉木业和中航林业相关负责人就赴俄园区考察安排等事宜进行沟通和确认。

2016年5月,中航国际与子公司中航林业相关负责人陪同俄罗斯托木斯克州副州长赴武汉考察湖北联投集团和福汉木业公司,双方就林业发展现状、战略合作以及对中俄托木斯克木材工贸合作区未来发展规划进行深入沟通。

2016年9月23日,中航国际与联投集团在武汉签署战略合作协议,双方就林业、矿业、酒店等领域建立战略合作关系,并先行启动林业项目增资合作。增资后,福汉木业接手中航国际持有的中航林业51%股份,成为中航林业最大的股东。

2017年4月,联投集团福汉木业投资的中俄托木斯克州木材工贸合作区项目,成功入围两国投资合作重点项目清单。联投集团福汉木业已完成投资32亿元,外籍员工超过2600人,已成为省联投集团跨境并购资产规模最大、外籍员工人数最多的国家级海外项目。

(四) 并购后采取的措施和未来计划安排

1. 公司针对收购后发现的问题采取了系列措施[①]

我们通过调研了解到公司在增资收购该项目过程中,由于部分工作不够深入细致,给其后期经营带来了一些不利影响,存在问题主要有三个方面:(1) 前期尽职调查工作不够深入。2016年开始接洽,由于交易对方中航国际要求在2016年底就要完成该项目的收购,出现了对投资地法律法规了解不够,完成过程较为仓促等问题;(2) 当时增资协议中存在一些对福汉木业有不利影响的内容,比如福汉木业持股51%,但新增融资和前期融资需要承

---

① 根据调研时获取的相关资料(湖北联投集团提供)整理而成。

担70%的担保等。这种权责不对等的情况也让福汉木业收购后的经营较为被动；（3）公司2017年接手园区经营后，发现该项目存在一些未披露事项与项目管理方面的股东纠纷问题，这些未被披露的事项和股东纠纷给公司带来了不利影响。

针对上述问题，公司采取了一系列措施来扭转被动局面：

（1）推进经营改革。从福汉木业及集团内部各个板块抽调能够为园区支持的专业技术人才常驻园区，提升园区的经营水平。截至2019年8月15日，企业自营产品是19.4万方生产量，入园企业产生了4万方生产量，产量与2018年全年产量一致，年底预计比去年总产量提高30%以上。从主要数据的变化中可以看出，2015年和2016年的生产量只有14万方和15万方，到2019年能做到将近35万方的产量。企业花费2亿多买了14套设备，采伐量比增资前翻了一倍，从而大大提高了采伐能力与生产能力。

（2）解决纠纷问题。中航国际向北京招改委提出其在增资协议中履行了担保，因此要福汉木业承担八亿多元的贷款偿还责任，而公司就前期重大事项未披露提出了仲裁申请。

（3）积极与政府相关部门沟通。公司为提高政治站位，除保证园区正常经营和稳定外，还积极与项目当地政府进行交流，州政府对公司的项目推进给予了一定肯定。与驻俄大使进行交流，大使对园区经营和纠纷解决思路给予肯定。与商务部对外经济合作司欧亚处进行沟通，园区的稳定经营得到了商务部肯定。

2. 公司未来计划安排①

公司要回归当时增资收购的初衷，并通过控制上游产业从而实现与公司实际生产的有效对接。由于该项目生产的板材、锯材等板块都是国内板材生产所急需的材料。因此，在园区稳定之后，公司希望实现订单式生产，在生产链条过程中所需要的生态板原材料通过订单形式放在前沿，由园区先生产成半成品运回到国内，再进行下游产业的对接，从而做活整个产业链。

从2017年4月福汉木业并购该项目至今已满三年，究竟效果如何？由

---

① 根据调研时获取的相关资料（湖北联投集团提供）整理而成。

于调研中无法获取公司相关财务数据。因此，本章无法对福汉木业并购中俄托木斯克木材工贸区项目的效果做出评价。

三、清能集团并购清江香港和香港怡港的分析

（一）并购双方概况

1. 清能集团概况

湖北清能投资发展集团有限公司（清能集团）是由湖北省政府国资委、三峡集团长江电力股份有限公司和中国国电资本控股有限公司三家共同出资组建的大型国有企业，总部设在武汉，注册资本金32.5亿元。

2010年12月30日，由原湖北鸿信资产管理有限公司和原湖北能源集团清能置业有限公司合并新设的湖北清能地产集团有限公司正式成立。2015年12月18日，湖北清能地产集团有限公司为实现企业发展战略，结合公司投资板块及未来发展趋势，经公司股东决议，湖北省工商行政管理局批准，正式更名为湖北清能投资发展集团有限公司。

公司经营范围涵盖酒店、房地产、物业、能源、金融和旅游等多个领域，拥有中国房地产开发企业一级资质，是投资多元、管理先进、效益优良和区域领先的投资发展商。

2. 清江香港概况

湖北清江水电开发有限责任公司（湖北能源集团全资子公司）报请湖北省人民政府批准，清江（香港）控股有限公司（简称"清江香港"）于2000年在香港注册登记成立，法定股本20000港元，股东分别为李成俊（持股10200港元）和余军（持股9800港元）。为享受当时中外合资企业的税收优惠政策，它以自然人身份（实际是国有资产）成立公司。成立的目的在于确保湖北昌丰化纤工业有限公司的中外合资企业身份，公司以外资股东身份持有昌丰60%的股权。2010年，湖北能源集团借壳整体上市时，将全资子公

司湖北清江水电开发有限责任公司控股的清江香港的管理权转移至清能集团公司名下。公司自 2000 年成立以来，并无实际经营业务开展。为确保清江香港公司正常存续，清能集团委托香港卓宏秘书服务有限公司代为处理清江香港公司日常事务，相关股票账户和银行账户由清能集团财务部安排专人负责管理。清江香港公司股东及清能集团相关人员每个年度赴香港一次，主要办理与卓宏秘书服务有限公司合同续签、香港注册局、香港税务局、股票公司和银行账户相关业务处理事宜。目前，清江香港公司名下资产为：3065963 股股票（编号为 08116），现已停牌，停牌前市价 73583.11 港元，账户内现金余额 6205540.76 港元。

3. 香港怡港概况

怡港（香港）有限公司（简称香港怡港）于 2008 年经湖北清江水电开发有限责任公司（湖北能源集团全资子公司）报请湖北省人民政府批准在香港注册局登记成立，法定股本港元，股东分别为舒展（持股 1 港元）、郑小银（持股 1 港元），成立的目的在于代为管理原深圳市清江投资发展有限公司（清江水电开发有限责任公司的子公司）部分境外资产。香港怡港持有 INFONET 公司股权，而 INFONET 公司持有优能数码公司股权，优能数码上市为中国公众医疗。2010 年，湖北能源集团借壳整体上市时，将全资子公司湖北清江水电开发有限责任公司控股的香港怡港的管理权转移至清能集团公司。自 2008 年成立以来，香港怡港公司并无实际经营业务，为减少每年发生的审计费和管理费等相关成本，经清能集团研究决定，于 2013 年 11 月将香港怡港公司资产转至清江香港公司名下，并将其予以注销。

（二）并购背景与动因

2010 年，湖北能源集团股份有限公司为了理清产权关系，进一步聚焦主业，并为借壳上市做准备，把其全资子公司湖北清江水电开发有限责任公司控股的、在香港注册的清江香港和香港怡港两家境外公司的管理权，转移至湖北清能投资发展集团有限公司（清能集团）。从实际情况看，这起跨境并购对清能集团而言是被动接受的，并不是狭义上的跨境并购。

(三) 并购过程回顾

2008年,湖北能源集团有限公司实行股份制改造,变更为湖北能源集团股份有限公司。2010年,湖北能源集团股份有限公司为达到借壳整体上市的目的,经湖北省人民政府国有资产监督管理委员会批准,将其两家境外孙公司清江香港和香港怡港管理权转至清能集团名下,完成了象征意义上的湖北清能投资发展集团有限公司对清江香港和香港怡港两家香港注册公司的跨境并购。

(四) 并购效果评价

根据前述对这起跨境并购的全程了解,我们认为该起跨境并购纯粹只是一场形式上游戏,并无实质性内涵。但我们对湖北清能投资发展集团有限公司为何还要保留清江香港这家境外企业的目的不太清楚。因为我们通过天眼查(https://www.tianyancha.com)查询湖北昌丰化纤工业有限公司相关信息可知,目前这家企业已无经营,工商登记执照已经吊销。因此,当初为使湖北昌丰化纤工业有限公司拥有中外合资企业身份,从而享受相关优惠政策的初衷已不存在。

由此可见,本章对这起所谓的国有企业跨境并购的效果评价没有任何意义。因此,我们不再对湖北清能投资发展集团有限公司跨境并购清江香港和香港怡港的效果做进一步评价。

四、主要研究结论

本章主要分析了宜昌交旅并购香港保华控股公司宜港集团、福汉木业并购中俄托木斯克木材工贸区项目以及清能集团并购清江香港和香港怡港三个湖北省非上市国有企业跨境并购案例。

通过分析发现,狭义上的跨境并购(湖北境内国有企业并购和我国境内企业没有任何股权关系的境外企业）案例较少。宜昌交旅并购香港保华控股公司宜港集团案的并购标的就是境内企业宜港集团，只不过宜港集团的控股股东是境外企业香港保华控股公司。福汉木业并购中俄托木斯克木材工贸区项目的并购标的虽然是国外企业，但其控股股东却是我国境内企业（中航林业）。另外，在清能集团并购清江香港和香港怡港案中，并购标的虽然是境外企业清江香港和香港怡港，但这两家企业的控股股东实际上是境内企业湖北清江水电开发有限责任公司，还有就是他们之间股权转移是无偿划转。因此，从一定意义上看，这三起并购都不是真正意义上的国有企业跨境并购。

从跨境并购的动因上看，部分企业跨境并购仅仅只是为了享受国家优惠政策（清能集团并购清江香港和香港怡港），部分企业是为了构建全球资源价值链（福汉木业并购中俄托木斯克木材工贸区项目），还有部分企业是为了理顺战略发展方向，夯实主业发展基础（宜昌交旅并购香港保华控股公司宜港集团）。另外，"响应国家号召，创抓政策机遇"是湖北国有企业跨境并购的共同动因。

从跨境并购的效果上看，由于各种主客观原因，目前都无法对其进行准确评价。由于宜昌交旅并购香港保华控股公司宜港集团案是2019年刚刚完成，客观上现无法对其并购效果进行评价。由于湖北清能投资发展集团有限公司跨境并购清江香港和香港怡港纯粹只是一场形式上游戏，并无实质性跨境并购内涵。因此，客观上讲，对该起跨境并购的并购效果进行评价没有任何意义。另外，由于无法获取福汉木业并购中俄托木斯克木材工贸区项目前后几个年度的相关财务数据。因此，本研究无法对其并购效果做出评价。

总之，湖北非上市国有企业跨境并购案例不多。另外，由于各种主客观原因，对已实施跨境的非上市国有企业的并购效果无法准确评价。因此，在"一带一路"背景下，作为长江中游城市群、长江经济带覆盖区和全国自贸试验区的湖北，要实现"中部崛起"并有效对接"一带一路"发展倡议的目标，还必须要进一步加大对国有企业通过跨境并购"走出去"的政策支持力度。

| 第八章 |

改善湖北国有企业跨境并购状况的政策建议

根据第三章的分析发现,湖北通过实施跨境并购走出去的国有企业,无论是上市公司还是非上市公司数量都不够多,上市国有企业中实施跨境并购的企业占比仅 8.33%,非上市国有企业中实施跨境并购的企业占比也只有 12.5%。另外,由第四章、第五章和第六章上市国有企业跨境并购的绩效评价结果来看,基本实现了跨境并购的预期目标,总体效果还不错。但从第七章非上市国有企业跨境并购的情况看,部分企业还存在尽职调查不够等问题,协同效应的作用也远未得到充分发挥。为促使湖北有更多的国有企业能够通过跨境并购"走出去",并"走得好",结合研究结果,本章提出如下相关政策建议。

一、补充完善国有企业跨境并购的法规文件

由第三章对湖北国有企业及跨境并购现状的分析可知,湖北通过实施跨境并购"走出去"的国有企业数量并不多,上市国有企业和非上市国有企业各有 3 家。湖北虽然不是上海、广东、江苏和浙江等改革开放的前沿,但却肩负着"中部崛起"、长江中游发展重要城市群、长江经济带核心覆盖区、全国自贸试验区和"一带一路"倡议有效对接等重任。为什么湖北通过实施跨境并购"走出去"的国有企业数量不多?我们认为湖北针对国有企业跨境并购的政策支持力度不够是主要原因之一。

由第二章湖北国有企业跨境并购法规评析可知，湖北出台的涉及跨境并购的主要有：《关于印发中国制造 2025 湖北行动纲要的通知》（201512）、《关于运用大数据加强对市场主体服务和监管的实施意见》（201512）、《关于加快服务业发展的若干意见》（201501）和《关于印发湖北省集成电路产业发展行动方案的通知》（201409）等四个法规文件。出台这些法规文件的主要目的有二：一是有效贯彻落实国家相关法规文件精神；二是促使湖北企业（含国有企业）通过实施跨境并购（海外并购、境外投资和对外并购等），获取先进技术和管理经验，从而推动湖北制造业提质增效、现代服务业和集成电路等产业步入快速发展轨道。

通过把其与国家出台的相关法规文件比对可以发现，湖北出台这些涉及跨境并购的法规文件主要就是为了贯彻落实国家相关法规文件，即被动的成分多，积极主动的较少、几乎没有。因此，我们建议湖北省政府和各地方政府应解放思想、结合实际、主动作为，补充完善一批鼓励和支持湖北企业尤其是国有企业跨境并购的法规文件。

二、加强对国有企业跨境并购的监管与指导

从第四章、第五章和第六章对上市国有企业跨境并购三个案例的绩效评价结果看，总体效果不错，基本实现了跨境并购的预期目标。但从第七章对非上市国有企业跨境并购三个案例的情况看，部分企业还存在尽职调查不够、协同效应的作用未得到充分发挥和跨境并购效果不理想等问题。

为什么上市国有企业的跨境并购效果要普遍好于非上市国有企业？如何解决这个至关重要问题？本研究认为主要原因可能是因为上市公司是公众公司，证券监督管理委员会以及交易所对其实施跨境并购都有一套严格的、相对比较完善的从并购尽职调查、价值评估到主管部门审批的对外公告的要求，这些相对公开透明的要求对指导其规范实施跨境并购具有重要作用。

比如在襄阳轴承并购波兰 KFLT 公司过程中，襄阳轴承先后共发布了 20 项与并购波兰 KFLT 公司事宜的公告，具体分别为：《襄阳汽车轴承股份有限公司董事会关于重大资产重组停牌公告》（公告编号：2013-010）、《襄阳汽车

轴承股份有限公司重大资产重组进展公告》（公告编号：2013-029）、《襄阳汽车轴承股份有限公司重大资产重组进展公告》（公告编号：2013-030）、《襄阳汽车轴承股份有限公司重大资产重组进展公告》（公告编号：2013-031）、《襄阳汽车轴承股份有限公司重大资产重组进展公告》（公告编号：2013-033）、《襄阳汽车轴承股份有限公司重大资产购买报告书（草案）摘要》（公告编号：2013-035）、《国浩律师（上海）事务所关于襄阳汽车轴承股份有限公司重大资产购买之法律意见书》《襄阳汽车轴承股份有限公司重大资产购买报告书（草案）》《襄阳汽车轴承股份有限公司关于中国证监会受理本公司重大资产购买行政许可申请的公告》（公告编号：2013-040）、《襄阳汽车轴承股份有限公司关于重大资产购买事项获得中国证监会核准的公告》（公告编号：2013-043）、《襄阳汽车轴承股份有限公司重大资产购买报告书（修订）》《襄阳汽车轴承股份有限公司关于重大资产购买报告书修订说明的公告》（公告编号：2013-044）、《国浩律师（上海）事务所关于公司重大资产购买之补充法律意见书（一）》《襄阳汽车轴承股份有限公司重大资产购买报告书（修订）摘要》《长江证券承销保荐有限公司关于襄阳汽车轴承股份有限公司重大资产购买之独立财务顾问报告》《襄阳汽车轴承股份有限公司重大资产重组进展公告》（公告编号：2013-045）、《襄阳汽车轴承股份有限公司重大资产购买实施情况报告书》（公告编号：2013-046）、《襄阳汽车轴承股份有限公司关于重大资产购买相关方出具承诺事项的公告》（公告编号：2013-047）、《国浩律师（上海）事务所关于襄阳汽车轴承股份有限公司重大资产购买实施情况之法律意见书》以及《长江证券承销保荐有限公司关于襄阳汽车轴承股份有限公司重大资产购买实施情况之独立财务顾问核查意见》。据上述20项公告可见，公告类别主要涉及四类：（1）公司重大资产重组进展情况系列公告；（2）律师事务所法律意见书类系列公告；（3）证券承销保荐公司独立财务顾问核查意见系列公告；（4）政府相关主管部门审批类系列公告。由此可见，上市公司跨境并购事项信息非常公开透明，操作过程合理规范。

基于此，本研究认为尽管非上市国有企业实施重要事项（如跨境并购等）不需要对外公开，但其在实施跨境并购过程中一定要有严格遵循的相关规范，并及时向湖北省国有资产监督管理委员会报告。湖北省国有资产监督管理委员会也一定要严格履行出资人的监督和指导职责。唯此，才能有效避免湖北省非上市国有企业跨境并购出现尽职调查不够、协同效应作用发挥不出来以及跨境并购效果不理想等问题。

三、加强对国有企业跨境并购效果的评估和监督

由于上市国有企业跨境并购的效果信息较为透明，省国有资产监督管理委员会可以通过其公开信息就能对其进行准确评估，并加强监督。相比上市国有企业而言，非上市国有企业的跨境并购后效果如何，省国有资产监督管理委员会只能通过其上报的各种报表信息（包括财务信息）对其进行评估，而这些报表信息的真实性可能不像上市公司那样有会计师事务所等第三方专业机构进行审核把关，省国有资产监管部门又缺乏相应专业人员，因此就很难对其跨境并购的效果进行有效评估，相应监督也缺乏基础。据此，我们建议省国有资产监管部门一是要加强对监管对象（非上市国有企业）实施跨境并购后的情况高度关注并经常性督查；二是每年要委托第三方专业机构（会计师事务所、资产评估事务所等）对非上市国有企业的并购效果进行评估并出具评估报告。只有对其加强评估和监督，才能更好确保其跨境并购的初衷和目标得到实现。

| 结　语 |

一、主要研究结论

跨境并购究竟对湖北经济发展作用如何？本研究以理性预期理论、信号传递理论、有效市场理论、并购通用理论和境外投资理论等为基础，结合跨境并购国有企业的实际情况，对湖北省出台的跨境并购相关法规、国有企业跨境并购的整体现状、上市国有企业跨境并购的短期绩效和长期绩效以及非上市国有企业跨境并购的动因和效果四个方面展开全面研究，研究结论主要如下：

第一，湖北国有企业跨境并购相关法规的实施对推动湖北国有企业"走出去"具有一定推动作用，但作用还非常有限。对于肩负"一带一路"、长江经济带、湖北自贸区和中部崛起等国家发展战略实施的湖北国有企业而言，其"走出去"的力度还远远不够。湖北省政府还应进一步出台鼓励国有企业实施跨境并购的相关文件法规，以此为湖北国有企业能够更好地"走出去"保驾护航。

第二，湖北上市国有企业跨境并购总体情况有三点：（1）跨境并购企业所属区域主要分布在武汉市、荆州市和襄阳市三地，宜昌、荆门、黄石、黄冈和孝感5市上市国有企业未发生跨境并购；（2）跨境并购企业实际控制人主要为中央国有企业（占比66.67%），湖北省国有企业仅1家（占比33.33%）；（3）跨境并购企业并购类型结构分布较为单一，并购类型均为横向并购，未发生纵向并购和混合并购。

第三，湖北非上市国有企业跨境并购总体情况有三点：（1）实施跨境并购企业所属区域较为集中，主要分布在武汉市（占比为66.67%）和宜昌市两地（占比为33.33%）；（2）实施跨境并购企业涉及行业较少，主要集中在金融业（占比为66.67%）和农、林、牧、渔业（33.33%）两个行业，其他行业无跨境并购发生；（3）实施跨境并购企业并购类型较为单一，横向并购企业占比66.67%，纵向并购企业占比为33.33%，未发生混合并购。

第四，湖北上市国有企业跨境并购的效果从短期看，所有跨境并购企业在跨境并购窗口期〔-10，15〕内的CAR均为正值且均通过了1%水平上的显著性检验，说明广大投资者对跨境并购总体上都持乐观态度且充满信心。从长期看，跨境并购在一定程度上改善了并购企业的盈利能力，但技术创新协同效应还发挥不够，国际化战略目标还未完全实现。

第五，湖北非上市国有企业跨境并购案例较少，由于实施跨境并购的时间较短或获取的资料有限，并购后取得的效果很难给予准确评价。

上述研究结论不仅回答了湖北出台的跨境并购相关法规情况、国有企业跨境并购整体现状、上市国有企业跨境并购的绩效以及非上市国有企业跨境并购效果情况，而且还为补充完善国有企业跨境并购法规文件、加强对国有企业跨境并购的监管与指导以及加强对国有企业跨境并购效果的评估和监督等提供依据。

二、研究局限与展望

本研究还存在一定局限性，它主要表现在四个方面：（1）评价跨境并购效果的时间区间有些较短，可能无法全面反映企业跨境并购的效果。不过，这种局限性会随着时间的推移在以后的研究中得到解决。（2）跨境并购市场效应的窗口期长短选择带有一定的主观性。本研究根据相关研究文献，在研究跨境并购市场效应时选择的窗口期为〔-10，15〕，即只有26个交易日。尽管这种选择参考了大量研究文献，或者说遵循了研究惯例，但从研究选择角度上看，难免带有一定主观性。如果选择的窗口期时间过长，就可能会将其他非跨境并购事件的影响涵盖进去，进而影响研究结果的可靠性。同样，如果选择的窗口期时间过短，可能无法反映跨境并购事件的全部影响。这种局限性是研究方法本身所固有的，它的克服还有待以后研究方法上的改进。

（3）研究中对跨境并购后长期绩效变化评价的财务还是非财务指标的选择可能也存在一定的主观性。比如评价企业跨境并购盈利能力、营运能力、偿债能力以及发展能力的财务指标有很多，我们究竟选择何种指标更合适，什么指标能更好反映跨境并购的长期绩效变化。这些指标的选择存在研究者的个人主观因素。（4）湖北跨境并购国有企业样本数量有限。由于本研究仅研究了3家上市国有企业和3家非上市国有企业。因此，得到的研究结论难免可能会以偏概全，提出的政策建议应用的广泛性也会因此而受到一定影响。但该局限性会随着以后样本量的增多而逐渐得到解决。

随着将来湖北国有企业跨境并购数量的日益增多和时间的推移，上述提到的评价跨境并购效果的时间区间较短、跨境并购国有企业的样本数量有限等问题都会得到解决。另外，随着样本数量的增多，通过深入研究并购对象的所属区域、行业和技术转移度等特征，将会进一步深化对跨境并购效果影响因素的认识，也将会使我们对跨境并购效果的评价更加客观，提出的政策建议也更具针对性和广泛性。还有就是，我们可以通过借鉴跨境并购对湖北国有企业绩效的影响研究，把研究对象范围进一步扩展到湖北民营企业，从而可以使我们对湖北企业跨境并购状况有更加全面的了解。

主要参考文献

[1] 谢洪明, 章俨. 跨境并购研究前沿及理论基础的演进——基于知识图谱的分析 [J]. 华南理工大学学报（社会科学版）, 2017 (2).

[2] 杨群. 中国国有企业海外并购的制度因素研究 [D]. 江西财经大学, 2012.

[3] 郑雨乔. 政府干预下国有企业并购重组动因分析 [J]. 经济视角（中旬）, 2012 (3).

[4] 周潇涵. 中国国有企业跨境并购问题研究 [D]. 首都经济贸易大学, 2016.

[5] 刘怫翔, 李海龙, Barinova S. A., 刘宇. 国有企业跨境并购过程中的文化整合 [J]. 中国集体经济, 2017 (34).

[6] 张家楠. 我国国有企业跨境并购的法律障碍 [D]. 哈尔滨工程大学, 2013.

[7] 何小钢. 中国企业海外并购特征、动因及其优化策略. 国际贸易, 2015 (12).

[8] 孙喜平. 国有企业跨境并购的风险分析与防范对策 [J]. 财会月刊, 2010 (30).

[9] 刘东. 国有企业"走出去"面临的问题与建议 [J]. 国际经济合作, 2012 (7).

[10] 赵薇. 中国企业跨境并购政策及国际比较研究 [D]. 浙江工业大学, 2013.

[11] 王晓宇. 中国国有企业海外并购外部动因的实证研究 [J]. 经济研究导刊, 2014 (24).

[12] 徐晓慧. 金融危机影响中国企业跨境并购的实证研究 [J]. 国际

贸易问题，2017（8）.

［13］姜华欣．中国国有企业对外直接投资研究［D］．吉林大学，2013．

［14］黎平海，李瑶．中国企业跨境并购动机实证研究［J］．经济前沿，2009（10）.

［15］姚彩虹．企业跨境并购动因理论研究综述［J］．商业经济，2010（10）.

［16］刘东．国有企业"走出去"面临的问题与建议［J］．国际经济合作，2012（7）.

［17］谢地，邵波．国有企业跨境并购动因及路径选择——基于政治经济学语境［J］．江汉论坛，2010（12）.

［18］王晔．国有企业与民营企业跨境并购的动因与比较［J］．商业经济研究，2018（8）.

［19］黄婉桥，杨超．我国国有企业跨境并购的动因及绩效研究［J］．改革与开放，2016（16）.

［20］张桂玲．外资并购国有企业的现状及动因分析［J］．中小企业管理与科技（上旬刊），2009（5）.

［21］苏敬勤，孙华鹏．中国企业跨境并购的文化整合路径——以联想并购IBMPC为例［J］．技术经济，2013（9）.

［22］徐艳梅，苗呈浩，王宗水．社会网络视角下的中国企业跨境并购文化整合［J］．经济与管理研究，2016（11）.

［23］张荣武，徐文仲．企业并购产权分析［J］．财会通讯，2012（5）.

［24］陈文．论我国国有企业的并购动因与并购过程中的财务风险防范［J］．中国内部审计，2014（2）.

［25］黄九梅．试论我国企业并购动因分析［J］．财经界（学术版），2009（8）.

［26］张大龙．我国企业跨境并购的现状及对策探讨［J］．广东经济，2012（12）.

［27］廖东声，刘曦．中国制造业企业海外并购问题研究［J］．会计之友，2017（2）.

［28］张敏．我国企业跨境并购逆向技术溢出效应对国内企业创新的影

响研究［D］. 山东财经大学，2016.

［29］刘昂. 中国企业跨境并购逆向知识转移能力研究［D］. 哈尔滨工程大学，2018.

［30］曹礼创. 中国民营企业跨境并购动因研究［J］. 现代经济信息，2018（15）.

［31］宋林，彬彬. 我国上市公司跨境并购动因及影响因素研究——基于多项 Logit 模型的实证分析［J］. 北京工商大学学报（社会科学版），2016（5）.

［32］陶攀. 中国企业跨境并购的动因及影响研究［D］. 对外经济贸易大学，2014.

［33］刘宇华. 国有控股企业并购动因理论分析［J］. 现代管理科学，2017（12）.

［34］谢仁鸿. 建筑业国企并购动因及其风险控制［J］. 企业改革与管理，2018（6）.

［35］李志斌. 中国企业国际并购：动因、风险及管控［J］. 学习与实践，2013（9）.

［36］党梦雅，魏景赋，田文举. "一带一路"倡议、所有权性质和支付方式与企业跨境并购绩效［J］. 新疆农垦经济，2018（10）.

［37］程聪，刘凤婷，池仁勇，等. 产业国际分工与企业跨境并购：并购战略决策的视角［J］. 管理评论，2016（28）.

［38］朱华. 国有制身份对中国企业海外竞购交易成败的影响研究［J］. 世界经济研究，2017（3）.

［39］贾镜渝，李文，郭斌. 经验是如何影响中国企业跨境并购成败的——基于地理距离与政府角色的视角［J］. 国际贸易问题，2015（10）.

［40］杨德彬. 跨境并购提高了中国企业生产率吗——基于工业企业数据的经验分析［J］. 国际贸易问题，2016（4）.

［41］茹玉骢，曾辉. 民营企业跨境并购绩效及其决定因素——基于 2006－2015 中国上市企业样本的研究［J］. 浙江学刊，2017（5）.

［42］诸竹君，黄先海，张胜利. 跨境并购能提高企业加成率吗？——事实与机制［J］. 浙江大学学报（人文社会科学版），2018（48）.

［43］薛安伟．跨境并购对企业管理效率的影响研究——基于倾向得分匹配方法的实证分析［J］．国际贸易问题，2018（3）．

［44］陈岩，郭文博．制度风险与跨境并购成败：大国外交和经济"软实力"的调节作用［J］．世界经济研究，2018（5）．

［45］旷昕．以跨境并购为主的中国对发达国家直接投资初探［J］．商业经济，2020（4）．

［46］李斌，李玉芳．中国企业"一带一路"背景下的跨境并购绩效研究［J］．中国商论，2020（8）．

［47］庞晴，查贵勇．苏宁易购并购家乐福中国效应分析［J］．产业创新研究，2020（6）．

［48］刘国芳．企业并购融资途径分析——以吉利并购沃尔沃为例［J］．全国流通经济，2020（6）．

［49］叶楠，胡玲．腾讯公司跨境并购的绩效分析——基于事件研究法［J］．金融理论探索，2020（1）．

［50］余珮，李珉迪．跨境并购战略性新兴企业的绩效研究——基于资源基础观与制度基础相结合的视角［J］．财经科学，2019（12）．

［51］杨波，周丽萍．东道国交通运输能力与中国企业跨境并购：基于生产率调节效应的视角［J］．世界经济研究，2020（1）．

［52］冉慧宇．上市公司跨境并购动因及风险防范分析——以H企业为例［J］．商场现代化，2020（2）．

［53］王彩萍，别婉文，徐红罡．中国企业跨境并购旅游业务的特征与绩效［J］．资源开发与市场，2018（34）．

［54］李善民，王彩萍．格林柯尔收购科龙电器分析［J］．经济理论与经济管理，2003（11）．

［55］李俊芸，夏传文．外资并购我国上市公司的动因及绩效研究［J］．财经问题研究，2005（6）．

［56］顾卫平．外资并购上市公司的实证效应和趋势分析［J］．上海国资，2004（5）．

［57］陈继勇，潘勇辉．外资并购与东北老工业基地改造的耦合效应［J］．商业时代，2006（5）．

[58] 闵剑，刘忆. 全球价值链、融资约束与跨境并购绩效——来自中国制造业企业的证据 [J]. 国际贸易问题，2019（3）.

[59] 池昭梅，韩玉，李逸飞. "一带一路" 建设中我国民营上市企业的跨境并购研究——以旗滨集团并购马来西亚旗滨公司为例 [J]. 沿海企业与科技，2019（1）.

[60] 夏扬，沈豪. 基于长短期窗口的民企连续并购绩效研究——以均胜电子为例 [J]. 财会通讯，2018（11）.

[61] 王涓郦. 光明乳业并购新莱特的绩效研究——基于事件研究法的实证分析 [J]. 现代商业，2017（34）.

[62] 钱泓宇. 跨境并购对中国 IT 行业上市公司长期绩效的影响研究 [J]. 经贸实践，2017（19）.

[63] 万哨凯. 基于汇率改革的上市公司跨境并购绩效影响实证研究 [J]. 财会通讯，2017（2）.

[64] 翟鑫. 兖州煤业海外并购绩效分析 [J]. 河北企业，2020（1）.

[65] 聂小悦. 吉利跨国收购沃尔沃的动因和效果研究 [J]. 商场现代化，2019（24）.

[66] 黄爱富，池昭梅. 社会资本视角下管理者职能履历与跨境并购绩效研究——以柳工收购波兰 HSW 公司为例 [J]. 商业会计，2019（21）.

[67] 赵鹏，孙亚范. 我国制造企业跨境并购绩效评析——基于 48 个上市公司案例的经验数据 [J]. 科技与经济，2019（32）.

[68] 滕梓源，胡勇. 跨境并购促进技术创新的绩效、影响因素及策略 [J]. 国际贸易，2019（2）.

[69] 陈蕾. 基于宏微观视角的跨境并购动因分析 [J]. 市场周刊，2020（2）.

[70] 郑文华. 全球化背景下企业跨境并购动因与风险分析——以海信电器并购东芝电视为例 [J]. 哈尔滨学院学报，2020（41）.

[71] 魏闪闪，杨超，尹涵. 我国企业跨境并购的动因和策略选择 [J]. 中国集体经济，2019（35）.

[72] 陈璐. 跨境并购的财务绩效评价——以美的并购库卡为例 [J]. 商场现代化，2019（20）.

[73] 王轶南, 王晓丽. 中国对欧盟 FDI 中的跨境并购动因分析 [J]. 商业研究, 2014 (7).

[74] 冉慧宇. 上市公司跨境并购动因及风险防范分析——以 H 企业为例 [J]. 商场现代化, 2020 (2).

[75] 蔡雨欣. 中国企业赴美并购案例分析 [J]. 中国经贸导刊 (中), 2019 (7).

[76] 王兰娟. 我国企业跨境并购整合研究——基于汇孚集团收购 Finn-Karelia 案例分析 [J]. 企业科技与发展, 2019 (6).

[77] Shimizu K., Hitt M. A., Vaidyanath D., et al. Theoretical foundations of cross – borderm ergers and acquisitions: a review of current research and recommendations for the future [J]. Journal of International Management, 2004, 10 (3): 307 – 353.

[78] Gu Q, Ju C, Bao F. The Cross – Border Mergers and Acquisitions of Local State – Owned Enterprises: The Role of Home Country Government Involvement [J]. Sustainability, 2020, 12 (7): 1 – 23.

[79] Gestrin M V. A comparative study of cross – border mergers and acquisitions by privately – and state – owned enterprises [J]. International Journal of Public Policy, 2017, 13 (3 – 5): 139 – 152.

[80] Chao M, Zhen J Q. Comparative research on performance of cross – border mergers and acquisitions implemented by state – owned and private enterprises based on event study model and Fama – French three factor model [J]. Journal of Interdisciplinary Mathematics, 2017, 20 (6 – 7): 1483 – 1487.

附　录

附表1：湖北上市国有企业（36家）一览表

证券代码	证券简称	实际控制人	行业	所属城市
000422.SZ	ST宜化	地方国有企业	制造业	宜昌市
000501.SZ	鄂武商A	地方国有企业	批发和零售业	武汉市
000553.SZ	安道麦A	中央国有企业	制造业	荆州市
000665.SZ	湖北广电	地方国有企业	文化、体育和娱乐业	武汉市
000707.SZ	ST双环	地方国有企业	制造业	应城市
000708.SZ	中信特钢	中央国有企业	制造业	黄石市
000759.SZ	中百集团	地方国有企业	批发和零售业	武汉市
000826.SZ	启迪环境	中央国有企业	水利、环境和公共设施管理业	宜昌市
000852.SZ	石化机械	中央国有企业	制造业	武汉市
000883.SZ	湖北能源	地方国有企业	电力、热力、燃气及水生产和供应业	武汉市
000952.SZ	广济药业	地方国有企业	制造业	武穴市
000966.SZ	长源电力	中央国有企业	电力、热力、燃气及水生产和供应业	武汉市
000988.SZ	华工科技	中央国有企业	制造业	武汉市
002013.SZ	中航机电	中央国有企业	制造业	襄阳市
002281.SZ	光迅科技	中央国有企业	制造业	武汉市
002305.SZ	南国置业	中央国有企业	房地产业	武汉市
002627.SZ	宜昌交运	地方国有企业	交通运输、仓储和邮政业	宜昌市
002783.SZ	凯龙股份	地方国有企业	制造业	荆门市
300205.SZ	天喻信息	中央国有企业	制造业	武汉市
300516.SZ	久之洋	中央国有企业	制造业	武汉市
300527.SZ	中国应急	中央国有企业	制造业	武汉市
300557.SZ	理工光科	中央国有企业	制造业	武汉市
300747.SZ	锐科激光	中央国有企业	制造业	武汉市
600006.SH	东风汽车	中央国有企业	制造业	襄阳市
600035.SH	楚天高速	地方国有企业	交通运输、仓储和邮政业	武汉市

续表

证券代码	证券简称	实际控制人	行业	所属城市
600068.SH	葛洲坝	中央国有企业	建筑业	武汉市
600133.SH	东湖高新	地方国有企业	建筑业	武汉市
600141.SH	兴发集团	地方国有企业	制造业	宜昌市
600168.SH	武汉控股	地方国有企业	电力、热力、燃气及水生产和供应业	武汉市
600184.SH	光电股份	中央国有企业	制造业	襄阳市
600298.SH	安琪酵母	地方国有企业	制造业	宜昌市
600345.SH	长江通信	中央国有企业	制造业	武汉市
600498.SH	烽火通信	中央国有企业	制造业	武汉市
600757.SH	长江传媒	地方国有企业	文化、体育和娱乐业	武汉市
600769.SH	祥龙电业	地方国有企业	建筑业	武汉市
600879.SH	航天电子	中央国有企业	制造业	武汉市

附表2：湖北非上市国有企业（24家）一览表

公司名称	成立时间	所属城市	行业
大冶有色金属集团控股有限公司	1989年	黄石市	采矿业
湖北盐业集团有限公司	1993年	武汉市	批发和零售业
湖北省工业建筑集团有限公司	1994年	武汉市	建筑业
湖北省储备粮油管理有限公司	2000年	武汉市	交通运输、仓储和邮政业
湖北机场集团有限公司	2004年	武汉市	交通运输、仓储和邮政业
湖北省楚垣集团有限公司	2004年	武汉市	租赁和商务服务业
湖北省农业产业化信用担保有限公司	2005年	武汉市	金融业
湖北省高新产业投资集团有限公司	2005年	武汉市	租赁和商务服务业

续表

公司名称	成立时间	所属城市	行业
湖北省宏泰国有资本投资运营集团有限公司	2006年	武汉市	租赁和商务服务业
武汉光谷联合产权交易所有限公司	2006年	武汉市	租赁和商务服务业
湖北清能投资发展集团有限公司	2008年	武汉市	金融业
湖北省联合发展投资集团有限公司	2008年	武汉市	租赁和商务服务业
湖北省文化旅游投资集团有限公司	2009年	武汉市	租赁和商务服务业
湖北省交通投资集团有限公司	2010年	武汉市	租赁和商务服务业
湖北省长江产业投资集团有限公司	2010年	武汉市	租赁和商务服务业
湖北银行股份有限公司	2011年	武汉市	金融业
长江财产保险股份有限公司	2011年	武汉市	金融业
湖北省铁路建设投资集团有限责任公司	2014年	武汉市	建筑业
中南工程咨询设计集团有限公司	2014年	武汉市	科学研究和技术服务业
湖北省鼎安集团有限公司	2014年	武汉市	租赁和商务服务业
湖北省长江经济带产业基金管理有限公司	2015年	武汉市	金融业
湖北省再担保集团有限公司	2015年	武汉市	租赁和商务服务业
湖北国际物流机场有限公司	2017年	鄂州市	交通运输、仓储和邮政业
湖北省兴楚国有资产经营管理有限公司	2017年	武汉市	租赁和商务服务业

注：仅指由湖北省国有资产监督管理委员会代表出资人出资的地方国有企业。